운을 만드는 사람들의 비밀

운을 만드는 사람들의 비밀

길을 잃은 당신에게, 50인의 리더들이 답하다

초 판 1쇄 2025년 09월 26일

지은이 정진이
펴낸이 류종렬

펴낸곳 미다스북스
본부장 임종익
편집장 이다경, 김가영
디자인 임인영, 윤가희
책임진행 김은진. 이예나, 김요섭, 안채원

등록 2001년 3월 21일 제2001-000040호
주소 서울시 마포구 양화로 133 서교타워 711호
전화 02) 322-7802~3
팩스 02) 6007-1845
블로그 http://blog.naver.com/midasbooks
전자주소 midasbooks@hanmail.net
페이스북 https://www.facebook.com/midasbooks425
인스타그램 https://www.instagram.com/midasbooks

© 정진이, 미다스북스 2025, *Printed in Korea*.

ISBN 979-11-7355-506-0 03190

값 19,000원

※ 파본은 구입하신 서점에서 교환해드립니다.
※ 이 책에 실린 모든 콘텐츠는 미다스북스가 저작권자와의 계약에 따라 발행한 것이므로 인용하시거나 참고하실 경우 반드시 본사의 허락을 받으셔야 합니다.

미다스북스는 다음세대에게 필요한 지혜와 교양을 생각합니다.

THE SECRET TO CREATING YOUR OWN LUCK

운을 만드는 사람들의 비밀

{ 정진이 지음 }

미다스북스

프롤로그   나는 왜 그들을 만나러 갔는가   8

1부 정해진 길 밖에서, 내 안의 답을 찾다

1   정답을 주는 사람이 아닌, 찾게 해주는 사람   15
2   안정된 세상을 떠날 용기   20
3   운을 잡는 10퍼센트의 비밀   25
4   무모한 용기로 쟁취한 단 한 번의 기회   29
5   세상에 하나뿐인 나만의 길   33
6   다듬어지지 않은 원석의 가능성   37
7   실패라는 이름의 기회   41
8   시련의 불길로 자신을 단련시킨 거인의 일갈   46
9   절망의 바닥에서 길어 올린 희망, 컬러 테라피   50
10 인생을 바꾸는 인문학의 힘   54

2부 인생의 변곡점, 기회는 절망의 얼굴로 찾아온다

11 목표가 있는 자는 길을 잃지 않는다   59
12 독하게 몰입하는 시간의 마법   63

13	절망의 강을 건너자 나타난 기회의 대륙	68
14	나눔의 철학으로 빵을 굽는 장인	73
15	새장 밖으로 나온 새의 노래	78
16	나는 패션을 고깃집에서 배웠다	82
17	실패는 '겸손을 가르치는 스승'	87
18	인고의 시간이 빚어낸 성공의 미학	92
19	준비가 끝났다면 주저 말고 뛰어내려라	96
20	모든 것을 삼킨 잿더미 속에서 희망을 쏘아 올리다	100

3부 평범한 오늘을 위대한 내일로 바꾸는 삶의 변곡점

21	'왜(Why)'라는 질문으로 이야기의 힘을 믿은 개척자	105
22	99도의 노력을 견뎌낸 승부사	109
23	거북이의 걸음으로 일군 '나만의 단단한 왕국'	113
24	차가운 비상계단에서 시작된 기적, 감사의 습관이 되다	117
25	황금을 만드는 연금술사, "기술은 거짓말하지 않는다"	123
26	사람의 마음과 운을 얻는 '관계의 힘'	128
27	위대한 평범함, 터닝 포인트가 없는 삶의 지혜	132
28	인생의 주인으로 사는 '가정 행복 코치'의 성공 철학	137
29	재능이 '확신'이 되는 순간, 인생의 항로는 바뀐다	141
30	고민 대신 행동으로 길을 연, '20대 젊은 거인'	145

4부 위기의 순간, 인생의 방향을 틀다

31	우연히 만든 커뮤니티의 힘	151
32	사람의 마음을 얻는 '장사를 배우다'	155
33	쓰레기 더미에서 기적의 유익함을 캐내다	159
34	불타오르는 장작을 만났을 때	163
35	늦었다고 생각할 때가 기회였다	168
36	가장 뜨거운 시간의 가르침	172
37	차가운 감옥에서 만난 600권의 책, 마음을 벼리다	176
38	절반의 월급, 그러나 완전한 즐거움	180
39	정해지지 않은 길 위에서 운을 발견하다	184
40	늦깎이 은행원의 역전 드라마	190

5부 벼랑 끝, 그곳에서 운명의 문은 열린다

41	죽을 각오로 일하는 사람은 성공한다	197
42	모든 순간을 터닝 포인트로 만드는 삶	201
43	아내의 제안, 내 인생의 모험	205
44	넘을 수 없는 벽을 넘었을 때의 자신감	210
45	허허벌판에 내동댕이쳐진 레지던트 1년 차	215

46	역경을 기회로 바꾼 참새의 지혜	219
47	회장 하던 사람이 총무를 해야 하는 이유	223
48	계란 프라이가 될 것인가, 병아리가 될 것인가	227

6부 최고들은 어떻게 위기를 돌파하는가

49	위기의 파도를 기회로 타다	233
50	가장 안정적인 순간, 가장 과감한 항해를 시작하다	237
51	우연이 속삭일 때, 용기로 운명을 만들다	241
52	시간의 무게로 신뢰를 쌓다	245
53	보장된 미래를 찢고, 절망의 밤을 홀로 견딘 개척자	249
54	메스를 놓은 거인, 대한민국 의료 시스템을 수술하다	252
55	인생은 고난의 연속, 그럼에도 희망을 놓지 마라	255
56	단 한 번의 맹세, 절망을 희망으로 뒤바꾼 기적	258

에필로그 이제, 당신의 이야기를 시작할 시간 262

프롤로그

나는 왜 그들을
만나러 갔는가

어느 날 문득, 내 삶이 거대한 쳇바퀴처럼 느껴졌습니다. 매일 아침 비슷한 시간에 일어나 정해진 길을 따라 일터로 향하고, 비슷한 사람들과 비슷한 이야기를 나누다, 녹초가 된 몸을 이끌고 집으로 돌아오는 날들의 연속이었습니다. 일하는 시간은 길어졌지만, 통장의 잔액은 늘 제자리걸음이었고, 마음속의 불안은 안개처럼 자욱하게 피어올랐습니다.

오늘도 어제처럼 키보드 위에서 손가락이 기계적으로 움직였습니다. '요즘 가장 인기 있는 맛집 10선', '성공한 CEO의 5가지 아침 습관' 등 프리랜서 기자라는 이름 아래, 저는 세상의 얄팍한 성공과 반짝이는 유행을 좇는 기사들을 끝없이 생산해 냈습니다. 마감에 쫓겨 쓴 글자들이 모니터 너머의 누군가에게 잠시 소비되고 잊힐 것을 알면서도, 다음 달 카드값을 위해 스스로를 채찍질했습니다. 그것이 제 삶의 방식이었습니다. 화려한 사람들의 이야기를 쓰면서 정작 제 삶은 한없이 초라했습니다. 퇴근 후 텅 빈 원룸에서 컵라면으로 저녁을 때우며, 창밖으로 보이는 거대한 아파트 단지의 불빛을 무심하게 올려다보는 밤이 많았습니다. 저 불빛 속에는 어떤 사람들이 살고 있을까. 저들은 태어날 때부터 모든 것을 손에 쥔, 소위 '금수저'일까.

세상은 온통 '흙수저'와 '금수저' 이야기뿐이었습니다. 태어난 출발선이 인생의 모든 것을 결정한다는 냉소와 패배감이 공기처럼 떠다녔습니다. 아무리 발버둥 쳐도 넘을 수 없는 벽이 있다는 무력감은, 성실하게 하루를 살아내는 보통 사람들의 어깨를 무겁게 짓눌렀습니다. 저 역시 그 거대한 흐름에 휩쓸려 표류하는 조각배에 불과했습니다. '왜 나에게만 이런 일이 일어날까?' 스스로에게 묻고 또 물었지만, 돌아오는 것은 공허한 메아리뿐이었습니다.

그러던 어느 날, 또 다른 마감에 쓸 인용구를 찾기 위해 뒤적이던 낡은 책 한 권에서 제 심장을 벼락처럼 내리치는 문장을 발견했습니다.

"부를 쌓은 사람에게서 발견할 수 있는 중요한 공통점이 하나 있지. 그것은 바로 '책임감'이라네! 그들 모두 자신의 행위와 결정에 대해서 책임을 지고 있지. 그들은 결코 자신의 문제를 경제나 정부, 날씨 혹은 자신의 불우한 어린 시절 탓으로 돌리지 않는다네. 부를 소유한 사람은 행운이나 좋은 환경을 기다리는 것이 아니라, 적극적으로 그 행운이나 환경을 창조하지."

망치로 머리를 한 대 맞은 듯한 충격이었습니다. 저는 지금껏 내 삶의 모든 문제를 세상 탓, 환경 탓으로 돌리며 불평과 원망의 그늘 속에서 안주하고 있었습니다. 스스로 책임지려 하지 않았던 비겁한 변명이었습니다. 그 순간, 저는 결심했습니다. 이 거대한 패배감의 실체를 확인하고 싶어졌습니다. 맨주먹으로 시작해 자신만의 성을 쌓아 올린 사람들을 직접 만나 그들의 목소리를 듣기로 했습니다. 그들의 삶 속에, 내가 놓치고 있던 진짜 이야기가 있을 것이라 믿었습니다.

그 결심은 하나의 기사 기획안이 되었습니다. "진정한 성공의 의미를 찾아서". 저는 무작정 H 코칭 협회의 문을 두드렸고, 운 좋게도 K 전 회장님과의 인터뷰 약속을 잡을 수 있었습니다.

약속한 날, 기자로서의 무미건조한 호기심과 한 개인으로서의 절박한 희망을 품고 협회 사무실의 문을 열었습니다. 그곳은 제가 상상했던 딱딱한 권위 대신, 차분한 지성이 흐르는 편안한 공간이었습니다. 곧이어 온화한 미소를 띤 그가 나타나 저를 맞았습니다. 대기업 임원 출신으로, 최고경영자 코칭을 받다가 그 매력에 빠져 은퇴 후 전문 코치의 길로 들어선 분이었습니다. 깊고 차분한 그의 눈빛은 마치 제 마음속까지 꿰뚫어 보는 듯했습니다.

"회장님, 저는 늘 성공한 사람들의 비결을 기사로 써왔습니다. 하지만 이제는 솔직히 잘 모르겠습니다. 그들의 성공 비결을 따라 한다고 해서 삶이 나아지지는 않았거든요. 도대체 무엇이 다른 겁니까?"

저의 절박한 질문에 그는 서두르지 않고 찻잔을 들어 향을 음미하더니, 부드럽지만, 단호한 목소리로 되물었습니다.

"기자님은 '답'을 찾고 계시는군요. 하지만 혹시 '코칭'이 무엇인지 아십니까? 많은 이들이 명쾌한 답을 주는 컨설팅이나 경험을 전수하는 멘토링과 비슷하다고 생각하지만, 그 본질은 완전히 다릅니다."

그는 제게 비유를 들어 설명했습니다.

"컨설턴트는 전문가의 지식으로 '저 산으로 가십시오. 이 길이 가장 빠릅니다'라고 목적지와 지도를 함께 줍니다. 멘토는 '내가 저 산을 넘어봤으니, 나를 따라오시오'라며 앞에서 이끌어주지요. 하지만 코치는 답을 주지 않습니다."

"답을 주지 않는데, 어떻게 사람을 성장시킬 수 있습니까?"

"코칭의 제1 철학은 '모든 사람에게는 무한한 잠재력과 가능성이 있다'

라는 믿음입니다. 고객은 스스로 문제를 해결할 답을 이미 자기 안에 가지고 있다고 믿는 것이죠. 코치는 정답을 알려주는 사람이 아니라, '당신은 어떤 산에 오르고 싶습니까? 그 산에 오르기 위해 당신이 가진 것은 무엇입니까?'와 같은 강력한 질문을 던져 그가 스스로 답을 찾도록 돕는 거울 같은 존재입니다. 내 안에 잠들어 있던 거인을 스스로 깨울 때, 누가 가르쳐준 답을 따를 때와는 비교할 수 없는 힘이 뿜어져 나옵니다."

그의 말 한마디 한마디가 제 가슴을 울렸습니다. 저는 지금까지 다른 사람의 지도를 구걸하고, 다른 사람의 발자국을 흉내 내려고만 했습니다. 내 안의 목소리에 귀 기울이거나, 내 손에 들린 나침반을 들여다볼 생각조차 하지 못했던 것입니다. 인터뷰가 무르익을 무렵, 저는 깨달았습니다. 문제는 정답을 모르는 것이 아니라, 제대로 된 질문을 던지지 못했던 것이었습니다.

벅차오르는 가슴을 안고 제가 앞으로의 계획을 털어놓았을 때, 그는 잠자코 듣고 있더니 책상 서랍에서 종이와 펜을 꺼냈습니다.

"그 열정, 그 질문을 계속 이어가신다면 분명 길을 찾을 겁니다. 기자님의 그 여정에 제가 작은 길을 열어드리고 싶군요."

그는 막힘없는 손길로 종이에 이름들을 적어 내려가기 시작했습니다. 대기업 총수부터 시작해 현재는 은퇴한 전문경영인, 혹독한 가난을 이겨낸 자수성가 사업가, 세상에 없던 길을 만든 혁신가, 자신의 분야에서 일가를 이룬 장인들까지. 50여 명에 달하는 이름들과 연락처가 빼곡히 채워졌습니다. 그것은 단순한 명단이 아니었습니다. 스스로의 힘으로 운명을 개척한 이들의 살아있는 역사이자, 제가 앞으로 나아가야 할 길을 밝혀줄 50여 개의 등대였습니다.

사무실을 나서는 제 손에는 묵직한 명단이 들려 있었습니다. 들어올 때

프롤로그　**11**

의 불안과 의심은 사라지고, 심장은 새로운 여행을 앞둔 탐험가처럼 세차게 뛰고 있었습니다. 저는 더 이상 다른 사람의 삶을 얄팍하게 묘사하는 기자가 아닙니다. 저는 이제, 위대한 질문으로 자신의 삶을 일으켜 세운 사람들을 만나는 구도자가 될 것입니다.

  이제, 운명을 바꾼 위대한 질문 속으로 독자 여러분을 초대합니다. 이 책은 성공의 비법을 알려주는 지침서가 아닙니다. 이 책은 당신 안에 잠든 거인을 깨우고, 당신만의 답을 찾도록 돕는 50여 번의 깊은 만남에 대한 기록입니다. 저와 함께 그들의 목소리에 귀 기울이다 보면, 어느새 당신의 삶을 빛낼 위대한 질문과 마주하게 될 것입니다.

2025년 9월 26일 정진이

{ 1부 }

정해진 길 밖에서, 내 안의 답을 찾다

THE SECRET TO CREATING YOUR OWN LUCK

성공이란 세상이 정해놓은 단 하나의 정답을 찾아가는 과정이 아닙니다. 오히려 자신의 내면에 잠재된 무한한 가능성을 믿고, 스스로 인생의 주인이 되어 세상에 하나뿐인 나만의 길을 개척하는 위대한 여정입니다. 때로는 안정을 포기할 용기가, 때로는 실패를 두려워하지 않는 담대함이 요구되기도 합니다. 하지만 시련과 실패는 우리를 좌절시키는 장애물이 아니라, 우리를 더욱 단단하게 만드는 성장의 자양분임을 기억해야 합니다. 끊임없는 노력으로 스스로를 단련하며 준비된 자만이 운명처럼 찾아오는 기회를 붙잡고 자신의 삶을 완전히 다른 차원으로 끌어올릴 수 있습니다.

1

정답을 주는 사람이 아닌, 찾게 해주는 사람

우리는 늘 정답을 갈구하는 시대에 살고 있습니다. 더 빨리, 더 효율적으로 성공에 이르는 길을 알려달라고 소리칩니다. 마치 내비게이션처럼 최단 경로를 지정해 주는 멘토, 명쾌한 해결책을 처방해 주는 컨설턴트를 찾아 헤맵니다. 저 역시 그랬습니다. '어떻게 살아야 하는가?'라는 묵직한 질문 앞에서, 어디엔가 존재할 현명한 답안지를 찾아 헤매던 어느 날이었습니다. 그때 한 사람의 이야기가 제게로 왔습니다. 인생이라는 거대한 질문에 정답은 없으며, 가장 위대한 해답은 바로 당신 안에 잠들어 있다고 말하는 사람. 스스로 그 길을 찾도록 돕는 것이 자신의 소명이라 믿는 사람. '코칭으로 국민 행복지수를 높인다'라는 단단한 믿음 아래, 대한민국 코칭의 대중화를 이끌고 있는 K 전 회장과의 이야기입니다.

그와의 약속 장소인 사무실로 향하는 길, 제 마음은 기대와 함께 미묘한 회의감으로 차 있었습니다. 산업화의 최전선에서 누구보다 치열하게 '정답'을 만들며 살아온 그가, 어떻게 '정답은 없다'라고 말할 수 있을까? 그 모순처럼 보이는 간극이 저를 더욱 궁금하게 만들었습니다.

사무실은 그의 철학을 닮은 공간이었습니다. 질서정연하게 정리된 전문 서적들에서는 코칭이라는 분야의 깊이가, 곳곳에 놓인 화분과 부드러운 조명에서는 사람을 향한 따뜻한 시선이 느껴졌습니다.

잠시 후, 부드러운 미소와 함께 K 전 회장이 저를 맞았습니다. 대한민국의 알 만한 대기업에서 30년간 인사, 인재 육성, 혁신을 이끌었던 경영인의 날카로운 통찰력과, 상대의 이야기를 온전히 들을 준비가 된 코치의 온화함이 그의 얼굴에 조화롭게 녹아 있었습니다. 그의 악수는 경영인답게 단단했지만, 그의 눈빛은 코치답게 상대를 판단하기보다 깊은 호기심으로 빛나고 있었습니다.

"먼 길 오시느라 고생 많으셨습니다. 반갑습니다."

정중한 인사를 건네는 그의 목소리에는, 사람에 대한 깊은 신뢰가 단단하게 배어 있었습니다. 우리는 차 한 잔을 앞에 두고 마주 앉아, 그의 인생을 송두리째 바꾼 결정적인 순간에 대한 이야기부터 시작했습니다.

"회장님의 이력을 보면 누구보다 '정답'을 향해 달려온 분이셨습니다. 그런 분께서 사람의 잠재력을 이끌어 내는 '코칭'이라는 완전히 다른 길에 들어서게 된 계기가 무엇이었는지, 그 시작이 궁금합니다."

제 질문에 그는 잠시 과거를 회상하는 듯한 눈빛으로 입을 열었습니다. 그의 인생을 바꾼 터닝 포인트는, 놀랍게도 그가 누군가를 코칭하면서 시작된 게 아니라, 그 자신이 코칭을 받으면서 찾아왔다고 했습니다.

"모든 것에는 계기가 있겠지요. 제가 코칭의 매력에 빠지게 된 것은 아이러니하게도 제가 '코치'가 아닌 '고객'이었을 때였습니다. 2007년경, A 개발원 부원장 시절에 일대일로 경영자 코칭을 받으며 전문 코치를 만나는 행운을 얻었습니다. 그때의 경험은 제게 망치로 머리를 맞은 듯한 신선한 충격이었습니다. 당시만 해도 우리는 미국과 일본의 선진 철강사들을 따라가는 '패스트 팔로워(Fast Follower)' 전략에 익숙했습니다. 정답은 늘 바깥에 있었고, 리더의 역할은 그 정답을 조직에 가장 효율적으로 전파하고 실행시키는 것이었죠. 그런데 제 코치는 제게 기계적인 답을 제시하지 않았습니다. 오히려 '답은 당신 안에 있다'라는 전제하에, 제가 스스로에게 맞는 길을 찾을 수 있도록 끊임없이 질문하고 경청해 주었죠. 상대에 대한 깊은 존중을 기반으로 잠재력과 가능성을 이끌어 내는 코칭의 과정에 깊이 매료될 수밖에 없었습니다."

정답은 당신 안에 있습니다!

그의 고백은 제 마음을 울렸습니다. 정답을 가르치는 사람이 되겠다는 결심이 아니었습니다. 오히려 정답은 가르쳐줄 수 있는 것이 아니며, 모든 사람 안에는 스스로 답을 찾을 힘이 있다는 것을 깨달은 순간, 그것이 그의 진정한 터닝 포인트였습니다. 특히 대한민국이 더 이상 따라갈 대상이 없는 '퍼스트 무버(First Mover)'가 된 지금, 정답이 없는 시대에 필요한 리더십은 바로 이것이라는 확신이 들었다고 합니다. 그 깨달음은 30년간 조직의 목표를 향해 달려온 한 경영인의 관점을 180도 바꾸어 놓았습니다.

"많은 분이 코칭을 컨설팅이나 멘토링과 혼동하곤 합니다. 하지만 그 본질은 완전히 다릅니다. 컨설팅이 의사처럼 '당신은 지금 암 1기이니, 이런 약을 처방받고 수술해야 합니다'라고 진단하고 처방, 즉 솔루션을 주는 것이라면, 코칭은 답을 주지 않습니다. 코칭은 고객이 스스로 답을 찾게 돕는 여정입니다. 또한 멘토링이 경험 많은 선배가 후배를 이끌어주는 수직적인 관계라면, 코칭은 상사와 부하 직원의 관계일지라도 서로가 온전한 존재임을 인정하는 수평적인 파트너십 관계입니다. 그리고 상담이 과거의 상처를 치유하여 현재의 자신을 정상적인 삶으로 복귀시키는 데 집중한다면, 코칭은 현재에 발을 딛고 '되고 싶은 나(To-be)', 즉 미래를 향해 나아갑니다."

그의 설명을 들으며 저는 고개를 끄덕일 수밖에 없었습니다. 그것은 사람에 대한 무한한 믿음이 없다면 결코 실천할 수 없는, 가장 높은 차원의 리더십이었습니다. 그는 전문 코치가 된 후, 수많은 사람의 성장을 도우며 큰 보람을 느끼고 있다고 했습니다. 그중에서도 특히 잊을 수 없는 한 사람이 있다고, 그는 눈을 빛내며 말했습니다.

"한 기업의 임원이었던 분이 떠오릅니다. 그분은 약 1년간 저와 코칭을 진행하는 동안, 자신의 산하 팀장과 핵심 인재들을 직접 코칭하고 그 과정과 결과를 가지고 다시 저와 코칭 대화를 나누었습니다. 스스로 코칭을 배우고 그것을 즉시 현장에 적용하는 놀라운 실행력을 보여주셨죠. 어느 날 그분께서 제게 이런 말씀을 하시더군요. '코치로서 선생님을 존경합니다. 그렇지만, 감히 청출어람(靑出於藍)이 되고자 합니다.'

그 말을 들었을 때의 뿌듯함은 지금도 잊을 수가 없습니다."

가르치는 리더에서, 잠재력을 이끄는 코치로

한 사람의 성장이 또 다른 성장을 이끌어 내는 선한 영향력. 그것이 바로 K 전 회장이 코칭을 통해 세상에 퍼뜨리고 싶은 가장 큰 가치였습니다. 저는 마지막으로, 길을 찾는 이 시대의 청년들에게 그가 어떤 말을 해주고 싶은지 물었습니다.

"저는 예전에 장학 재단에서 사회지도자급 멘토로 3년간 대학생들을 만난 적이 있습니다. 그때 학생들에게 항상 강조했던 이야기가 있습니다. '기회는 사람에게서 온다'라는 것입니다. 제 인생의 첫 번째 터닝 포인트도 신입 사원 시절, 훌륭한 선배와 멘토를 만났던 행운에서 왔습니다. 업무상 어려움이 있을 때 주위에 좋은 사람들이 있었다는 것이 제 인생의 가장 큰 자산이었습니다. 결국 기회를 잡기 위해서는 긍정적인 마인드와 적극적인 자세로 좋은 사람들과 관계를 맺어야 합니다. 그리고 자신의 삶을 주도적으로 살라고 권합니다. 제가 인사 업무를 오래 해보니, '적극적이지 않은 사람이 승진한 적을 본 적이 없다'라는 결론을 얻었습니다. 적극적인 사람들은 스스로 동기 부여를 하고, 역경 속에서도 회복 탄력성이 매우 강합니다."

그와의 대화를 마치고 사무실을 나오며, 저는 '리더'라는 단어를 다시 생각했습니다. 진정한 리더는 자신의 지식과 경험을 뽐내며 앞에서 이끄는 사람이 아니었습니다. 함께 걷고, 함께 뛰며, 상대방이 자신의 가장 빛나는 모습을 발견하고 스스로의 힘으로 목적지에 도달할 수 있도록 돕는 사람. 그것이 바로 K 전 회장이 자신의 삶으로 보여주고 있는 새로운 시대의 리더십이었습니다. 그의 이야기는 정답을 찾아 헤매던 제게, 그리고 우리에게 묻고 있었습니다.

당신은 누군가에게 정답을 알려주려고 애쓰고 있습니까? 아니면, 그 사람 안에 이미 위대한 정답이 있음을 믿고, 진심으로 그의 이야기에 귀 기울여주고 있습니까?

> **성장의 열쇠**
>
> 진정한 성장은 정답을 찾는 것이 아니라, 스스로 해답을 찾는 과정에 있습니다. 기회는 사람에게서 오므로, 긍정적이고 주도적인 자세로 좋은 관계를 맺어야 합니다. 상대방의 가능성을 믿고 진심으로 경청하는 것이 자신과 상대를 함께 성장시키는 리더십입니다.

2

안정된 세상을
떠날 용기

　현대 사회는 우리에게 '안정'이라는 이름의 달콤한 꿈을 판다고 합니다. 명문대를 졸업하고, 이름난 대기업에 입사해, 정해진 길을 따라 계단을 오르는 삶입니다. 그것은 실패의 위험이 없는 가장 안전한 항로이자, 많은 이들이 동경하는 성공의 증표처럼 여겨집니다. 하지만 그 견고한 성채는 우리를 지켜주는 요새일까요? 아니면 우리의 날개를 잊게 만드는 황금 새장일까요. 내면에서 들려오는 '이것이 진정 내가 원하는 삶인가'라는 작은 속삭임을 애써 외면하며, 우리는 얼마나 오랫동안 안락한 창살 안에 머물 수 있을까요?

　이 질문에 대한 답을 찾기 위해, 첫째로 K 전 회장이 적극 추천한 황금 새장의 문을 열고 나온 한 남자, A 대표를 만나러 갔습니다. 그와의 약속 장소는 서울의 심장부가 한눈에 내려다보이는 세련된 오피스 빌딩의 스카이라운지였습니다. 40층 높이에 위치한 그곳은 지상의 소음이 닿지 않는 고요한 섬과 같았습니다. 통유리창 너머로 쉴 새 없이 움직이는 도시의 동맥 같은 도로와 그 위를 수놓은 불빛들이 비현실적인 풍경을 자아내고 있었습니다.

황금 새장의 문을 열고 나온 남자

약속 시간보다 조금 일찍 도착한 저는, 창밖 풍경에 압도된 채 그가 걸어온 길을 상상해 보았습니다. 모두가 꿈꾸는 '최고의 직장'이라는 견고한 성채를 스스로 걸어 나와, 누구도 가보지 않은 불확실한 광야에 자신만의 깃발을 꽂은 사람. 그는 과연 어떤 모습일까?

잠시 후, 약속 시간에 정확히 맞춰 그가 라운지로 들어섰습니다. 흐트러짐 없는 깔끔한 셔츠 차림, 단정하면서도 자신감 넘치는 표정이 인상적이었습니다. 그는 가벼운 미소와 함께 악수를 청하며 자리에 앉았고, 그에게서는 잘 벼려진 칼날 같은 예리함과 상대를 편안하게 만드는 부드러움이 동시에 느껴졌습니다. 마치 격렬한 파도를 헤쳐온 노련한 항해사의 평온함 같았습니다.

"찾아오시느라 고생 많으셨습니다. 여기까지 와주셔서 감사합니다."

그의 차분한 목소리는 제 마음속의 불필요한 긴장을 녹여주기에 충분했습니다. 저는 곧바로 본론으로 들어갔습니다.

"K 전 회장님의 추천으로 대표님의 이야기를 듣고 싶어 찾아왔습니다. 많은 분이 대표님의 인생에서 가장 중요한 전환점으로 첫 직장을 그만둔 것을 꼽습니다. 객관적으로 모든 조건이 완벽했던 그곳을 떠난다는 것은 정말 어려운 결정이었을 텐데요. 당시의 상황과 심정이 어떠셨는지, 그 용기의 근원이 무엇이었는지 듣고 싶습니다."

그는 잠시 생각에 잠기는 듯하더니, 이내 담담하게 입을 열었습니다.

"네, 맞습니다. 돌이켜보면 제 인생의 가장 큰 터닝 포인트는 첫 직장에 사표를 던진 순간이었습니다. 당시 제가 다니던 회사는 누가 봐도 좋은 곳이었습니다. 높은 연봉은 물론이고, 회사의 이름값이나 복지까지 모든 면에서 훌륭했죠. 친구들은 부러워했고, 부모님은 자랑스러워하셨습니다. 모두가 인정하는 그런 회사를 그만두는 것은 상상 이상으로 어려운 일이었습니다. 특히 저 스스로도 미래에 대한 확신이 없는데, 가장 가까운 사람들까지 '왜 그런 바보 같은 짓을 하냐'며 극구 말릴 때는 정말이지 마음이 폭풍처럼 흔들렸습니다."

그의 말에 깊이 공감하지 않을 수 없었습니다. 우리는 얼마나 자주 타인의 시선과 사회가 정해놓은 '정답'이라는 감옥에 스스로를 가두는지, 우리는 '좋은 대학, 좋은 직장, 안정된 삶'이라는 공식에서 한 발짝이라도 벗어나는 것을 실패라고 여기며 두려워합니다.

"그 모든 만류를 뿌리치고 결심을 굳히게 된 결정적인 계기가 있었습니까?"

"'이건 나에게 맞는 옷이 아니다'라는 확신이었습니다. 아무리 비싸고 좋은 명품 옷이라도 몸에 맞지 않으면 불편하고, 결국은 입지 않게 됩니다. 제게 회사 생활이 딱 그랬습니다. 분명 좋은 곳이었지만, 그 안에서 저는 진짜 제 모습을 잃어가고 있다는 느낌을 지울 수 없었습니다. 매일 밤 천장을 바라보며 스스로에게 물었습니다. '이게 정말 네가 원하던 삶이야? 10년, 20년 뒤에도 이 책상에 앉아 같은 일을 하고 있을 너의 모습이 행복할까?' 그 질문에 단 한 번도 시원하게 '그렇다'라고 답할 수 없었습니다. 그만두고 당장 무엇을 할지 명확한 계획이 있었던 것도 아닙니다. 그저 막연하게 '내 사업을 하고 싶다'라는 생각만 있었죠. 주변에 사업하는 사람도 없었고, 지금처럼 창업이나 투자가 활발한 분위기도 아니었기에 정말 막막했습니다."

남의 기준이 아닌, 나만의 길을 가다

그는 잠시 말을 멈추고 창밖을 바라보았습니다. 마치 과거의 자신과 조용히 마주하고 있는 듯한 깊은 침묵이었습니다.

"하지만 정말 신기한 것은, 그렇게 모든 것을 내려놓고 회사를 그만두고 나니 오히려 새로운 기회들이 보이기 시작했다는 겁니다. 회사라는 견고한 울타리 안에서는 결코 보이지 않던 세상의 다른 길들이었죠. 물론 바로 창업을 하지는 못했습니다. 러시아, 미국 등을 돌아다니며 다양한 사람들을 만나고 제 남은 인생을 어떻게 살 것인지 치열하게 고민했습니다. 하지만 그때의 결정이 모든 것의 시작이었습니다. '그만두겠다'라는 용기를 냈기에 여러 기회를 만날 수 있었고, 결국에는 제가 '꿈은 꿨지만 실제로 그렇게 될 줄은 상상도 못 했던' 지금의 사업을 하고 있으니까요."

그의 이야기 속에서 저는 중요한 깨달음을 얻었습니다. 때로는 익숙한 것과의 결별이 새로운 시작을 위한 첫걸음이 된다는 것. 진정한 변화를 위해서는 현재의 안정을 포기할 용기가 필요하다는 것을 말입니다. 저는 마지막으로 이 시대의 청년들에게 해주고 싶은 말이 있는지 물었습니다.

"요즘 청년들이 3포세대, 흙수저 같은 말들로 스스로를 비하하는 현상을 보면 너무나 안타깝습니다. 기성세대의 잘못으로 청년 세대가 희망을 잃어가는 현실은 분명 기성세대가 책임지고 해결해야 할 문제입니다. 하지만, 마냥 기다릴 수만은 없지 않겠습니까. 왜 시작도 하기 전에 포기하게 될지 생각해보면, 결국 '비교' 때문이 아닐까 싶습니다. '나는 흙수저라서 금수저보다 못한 결과를 받을 거야'라는 생각은 비교에서 비롯된 패배감이죠. 물론 불공정한 룰 앞에서는 무력감을 느낄 수밖에 없습니다. 하지만 그 룰을 당장 바꿀 수 없다면, 경쟁의 틀 자체를 바꿔보는 노력도 필요하다고 생각합니다. 남들과 똑같이 대기업에 가고, 높은 연봉을 받아 좋은 집을 사는 것만이 성공의 기준이 된다면 우리는 모두 같은 틀 안에서 피 터지게 싸워야만 합니다. 저는 청년들에게 남들과 다른 나 스스로의 기준을 조금씩 만들어가라고 말해주고 싶습니다. 저 역시 남들과의 비교로 상처받기도 했지만, 점차 저만의 기준을 세워가면서 불만과 조급함은 줄고 만족감이 커지는 것을 느꼈습니다."

A 대표와의 대화를 마치고 라운지를 나오며, 저는 '새장 밖으로 나온 새'를 떠올렸습니다. 새장 안의 삶은 안정되고 편안하지만, 드넓은 창공을 날아오르는 자유와 성장은 없습니다. 그는 스스로 새장의 문을 열고 나온 용감한 새였습니다. 그리고 세상은 그에게 더 넓고 찬란한 기회의 창공을 선물했습니다. 그의 이야기는 제 가슴에 조용하지만, 강력한 질문을 던지고 있었습니다.

당신은 지금, 당신에게 꼭 맞는 옷을 입고 있습니까? 당신을 가두고 있는 안락한 새장은 과연 무엇입니까? 그 새장의 문을 열고 나올 용기가, 당신에게는 있습니까?

용기의 열쇠

때로는 안정된 새장의 문을 여는 용기가 더 큰 기회의 창공을 선물합니다. 세상이 정해놓은 기준이 아닌, 스스로에게 맞는 행복의 기준을 세워야 합니다. 남과의 비교에서 벗어나 자신만의 길을 묵묵히 걸어갈 때, 진정한 만족을 얻을 수 있습니다.

3

운을 잡는
10퍼센트의 비밀

인생이라는 항해에서 어떤 이는 순풍을 만나 순조롭게 나아가고, 어떤 이는 거친 풍랑 속에서 필사적으로 노를 젓고 있습니다. 우리는 종종 순풍을 만난 이들을 '운이 좋은 사람'이라 부르며 부러워하지만, 과연 그들의 순풍은 아무런 노력 없이 불어온 것일까요? 어쩌면 그들은 누구보다 먼저 바람의 방향을 읽고, 돛을 올릴 준비를 하고 있었던 것은 아닐까요?

B 대표와의 만남은, '운'이라는 막연한 단어 뒤에 숨겨진 '준비'와 '노력'이라는 치열한 실체를 마주하게 된 시간이었습니다.

그를 찾아가는 길은, 서울의 화려함과는 사뭇 다른 풍경이었습니다. 도시 외곽에 자리한 그의 공장에 가까워질수록 구수하고 정겨운 음식 냄새가 바람을 타고 흘러나왔습니다. 약속 장소인 그의 사무실은 현장과 맞닿아 있었고, 창문 너머로 분주하게 움직이는 직원들의 모습에서 30년 역사의 땀과 자부심이 고스란히 느껴졌습니다.

사무실로 들어서자, 그가 온화한 미소로 저를 맞았습니다. 그는 오랜 세월 단단하게 자신의 길을 걸어온 장인의 풍모와 모든 것을 꿰뚫어 보는 듯한 현명함을 동시에 지니고 있었습니다.

"먼 길 오시느라 고생하셨습니다. 이런 누추한 곳까지 찾아주시고…."

그의 겸손한 말과 달리, 사무실은 그의 인생 그 자체인 듯 보였습니다. 그의 집무실 한쪽에는 '평온한 바다는 결코 유능한 뱃사람을 만들 수 없다 (A smooth sea never made a skilled sailor)'라는 글귀가 담긴 액자가 걸려 있었습니다. 그 문장이 그가 겪어온 시간의 무게를 말해주는 듯했습니다. 저는 그의 인생에서 가장 거칠었던 파도가 언제였는지, 그 파도를 어떻게 넘어 지금의 평온한 바다에 이르렀는지 묻지 않을 수 없었습니다.

"대표님의 인생에서 가장 큰 터닝 포인트는 무엇이었습니까?"

"크게 보면 대기업 신입 사원으로 살다가, 아버지의 갑작스러운 간암 선고로 아무 준비도 없이 이 조그마한 중소기업으로 오게 된 것이 가장 큰 인생의 터닝 포인트입니다. 하지만 그런 커다란 인생의 전환점은 어느 날 갑자기 뚝 떨어지는 것이 아닙니다. 작은 몇 번의 터닝 포인트들이 모여서 커다란 변화를 만들어내는 것이죠. 그러기 위해서는 평소에 늘 자신의 미래에 대해 진지하게 고민하고, 준비하고, 행동하고 있어야 합니다."

90퍼센트의 운도 10퍼센트의 노력이 없으면 잡을 수 없다?

그는 원래 사업에는 전혀 뜻이 없었다고 했습니다. 150대 1의 경쟁률을 뚫고 대기업에 입사해 누구나 부러워하는 삶을 살던 중이었습니다. 하지만 아버지가 6개월 시한부 선고를 받으면서 그의 인생은 송두리째 흔들렸습니다.

"남의 손에 말아먹느니 차라리 내가 말아먹자 하는 심정으로 뛰어들었다"라는 그의 말에서 당시의 절박함이 느껴졌습니다. 그는 찻잔을 들어 한 모금 마신 후, 흥미로운 화두를 던졌습니다. "'운칠기삼(運七技三)'이라는 말 아시죠? 어떤 일이 이루어지는 데 운이 7할이고 재주나 노력이 3할이라는 뜻입니다. 저는 사실 운을 더 믿는 편입니다. 삼국지의 제갈공명이 천하의 전략가였지만 천하를 통일할 운은 없었던 것처럼, 특히 사업은 운이 따라주지 않으면 크게 성공하기 어렵습니다."

운을 믿는다는 그의 말이 조금은 의외로 들렸습니다. 성공한 사업가라면 자신의 노력과 실력을 더 강조할 것으로 생각했기 때문입니다. 제가 고개를 갸웃거리자, 그가 웃으며 말을 이었습니다.

"하지만 여기서 아주 중요한 것이 있습니다. 저는 90퍼센트의 운도 10퍼센트의 노력이 없으면 결코 잡을 수 없다고 봅니다. 아무리 좋은 운이 찾아와도, 그것을 받아들일 준비가 되어 있지 않으면 눈앞에서 스쳐 지나갈 뿐입니다. 그래서 인생의 중요한 포인트를 잡기 위해 꾸준히 노력하고 준비하고 있어야 하는 겁니다. 이 10퍼센트의 실력과 노력을 절대로 무시해서는 안 됩니다."

그의 말은 '운'에 대한 저의 얄팍한 편견을 완전히 깨뜨렸습니다. 운이란 가만히 앉아서 기다리는 요행이 아니라, 준비된 자에게만 보이는 기회의 다른 이름이었습니다. 마치 좋은 씨앗이 있어도, 그것을 심을 밭을 미리 갈고 김을 매는 노력이 없으면 결코 풍성한 열매를 맺을 수 없는 것과 같은 이치였습니다. 준비되지 않은 자에게 운은 그저 스쳐 가는 바람일 뿐이었습니다.

운은 준비된 자에게만 보이는 기회

"대표님께서는 청년들에게 어떤 메시지를 전하고 싶으신가요?"

"실패를 두려워하지 말고 도전하라는 말을 해주고 싶습니다. 우리나라가 구조적으로 창업이 어려운 환경인 것은 사실입니다. 한번 실패하면 재기하기가 부적 힘들죠. 그래서 다들 노선을 세웁니다. 하지만 창업을 해서 내가 사업가가 되는 것만큼 매력적인 일도 없습니다. 처음부터 거창할 필요는 없습니다. 대학 시절부터 창업에 대한 꿈을 키우고, 작은 장사라도 해보면서 사업 감각을 익히는 것도 좋은 방법입니다. 그리고 끊임없이 시장을 읽는 눈을 키워야 합니다. 정보가 성공의 절반을 좌우하니까요. 그리고 언젠가 '이거다!' 싶은 순간이 오면, 단 한 번은 모든 것을 걸고 도전해봐야 합니다."

그의 목소리에는 잔잔하지만 흔들림 없는 확신이 담겨 있었습니다. 대기업의 안정된 삶을 버리고, 아버지가 남긴 위태로운 중소기업을 떠맡았던 그의 선택 또한, 그에게는 '모든 것을 건 도전'이었을 것입니다. 그는 그 도전을 통해 자신의 운을 스스로 만들어낸 사람이었습니다. B 대표의 사무실을 나오며, 저는 제갈공명을 다시 생각했습니다. 그가 비록 천하통일의 운은 없었을지 몰라도, 유비라는 주군을 만나 자신의 뜻을 펼칠 수 있었던 것은 삼고초려의 시간 동안 융중에서 밭을 갈며 묵묵히 자신의 10퍼센트를 준비하고 있었기 때문이 아닐까요?

B 대표는 제게 가르쳐 주었습니다. 운을 기다리지 말고, 운이 찾아왔을 때 그것을 알아보고 꽉 붙잡을 수 있는 준비된 사람이 되라고. 당신의 10퍼센트는 지금, 어떤 운을 맞이하기 위해 준비되고 있습니까?

운의 열쇠

운은 가만히 기다리는 것이 아니라, 준비된 자에게만 찾아오는 기회임을 기억하십시오. 90퍼센트의 좋은 운도 10퍼센트의 노력이 없다면 결코 당신의 것이 될 수 없습니다. 실패를 두려워 말고, 언젠가 찾아올 결정적 순간을 위해 꾸준히 자신을 단련해야 합니다.

4

무모한 용기로 쟁취한
단 한 번의 기회

우리는 종종 '아는 것이 힘'이라고 말하지만, 때로는 '모르는 것이 약'이 될 때가 있습니다. 모든 위험과 변수를 계산하고 따지다 보면, 단 한 걸음도 내딛지 못하는 경우가 허다합니다. 완벽한 준비는 때로 아무것도 시작하지 못하게 만드는 가장 완벽한 핑계가 되기도 합니다. C 대표는, 때로는 무모해 보이는 무지함이 얼마나 큰 용기가 될 수 있는지를 자신의 삶으로 증명해 낸 인물이었습니다.

그가 이끄는 부동산 중개 플랫폼 회사의 사무실은 강남의 한복판, 도시의 역동적인 심장이 내려다보이는 고층 빌딩에 자리하고 있었습니다. 사무실에 들어서는 순간, 저는 잘 짜인 시스템과 젊은 에너지가 공존하는 독특한 분위기에 압도당했습니다. 사방이 트인 공간에는 100여 명의 젊은 직원들이 분주하게 움직이고 있었고, 그들의 얼굴에서는 자신의 일에 대한 확신과 뜨거운 열정이 뿜어져 나오고 있었습니다.

안내를 받아 들어간 대표실에서 만난 C 대표는, 제가 상상했던 것보다 훨씬 젊고 에너지가 넘치는 모습이었습니다. 그는 단단한 악수와 함께 환한 미소로 저를 맞아주었습니다.

"반갑습니다. 어려운 걸음 해주셨네요."

그의 목소리에는 자신감이 넘쳤지만, 결코 상대를 압도하지 않는 편안함이 있었습니다. 그의 눈빛은 눈앞의 사람에게 온전히 집중하고 있었고, 저는 그가 매우 현실적이고 실행력이 강한 사람일 것이라고 직감했습니다.

"대표님의 사업 이야기를 들으면, 2011년 사업을 시작하신 것이 가장 큰 터닝 포인트였다고 들었습니다. 그런데 당시에는 부동산에 대해 전혀 모르셨다고요. 등기부 등본 뗄 줄도 모르는 상태에서 어떻게 이 분야에 뛰어들 결심을 하셨는지 궁금합니다."

모르는 것이 약, 계산하지 않았기에 가능했던 위대한 시작

제 질문에 그는 유쾌한 에너지를 뿜어내며, 마치 어제 일처럼 생생하게 이야기를 시작했습니다.

"맞습니다. 제가 생각해도 참 무모했죠. 사업을 시작할 당시에는 정말 아는 것이 하나도 없었습니다. 그런데 때로는 그 무지함이 용기가 되기도 합니다. 모든 것을 다 알고 계산기를 두드리면, 오히려 시작하지 못하는 경우가 더 많거든요. 저는 그저 '사무용 부동산 모델이라면 가능성이 있겠다'라는 확신 하나만 믿고 뛰어들었습니다. 그게 벌써 5년이 훌쩍 넘었네요."

"모르는 것을 하나씩 배워나가며 사업을 키우는 과정이 무척 힘드셨을 것 같습니다."

"물론 쉽지 않았습니다. 하지만 저는 그 과정 전체가 제 인생의 터닝 포인트라고 생각합니다. 2011년은 그 시작점이었을 뿐이죠. 중요한 것은 그 전환점을 어떻게 살려내는가입니다. 기회가 왔을 때, 그것을 붙잡고 결과로 만들어내지 못하면 아무 소용이 없습니다. 지금도 매일이 시험대 위에 서 있는 기분입니다. 이 터닝 포인트를 잘 살려서 계속 성장할 것인가, 아니면 실패해서 평범한 회사로 돌아갈 것인가. 그건 전적으로 제 하기 나름이겠지요. 그래서 하루하루 최선을 다할 수밖에 없습니다."

그의 말에서 저는 '기회'의 본질을 다시 생각하게 되었습니다. 기회는 완성된 선물이 아니라, 무한한 가능성을 품은 씨앗과 같다는 것. 그 씨앗을 땅에 심고, 물을 주고, 잡초를 뽑는 고된 노력을 거쳐야만 비로소 달콤한 열매를 맺을 수 있다는 사실을 말입니다. 저는 화제를 돌려 최근 세태에 대한 그의 생각을 물었습니다.

"요즘 신문 기사를 보면 '초등학생의 꿈이 임대업자'라는 말이 나올 정도로 불로소득에 대한 선망이 큰 것 같습니다. 이 현상에 대해 부동산 업계에 계신 분으로서 어떻게 생각하시는지요?"

피와 땀으로 잡는 첫 기회, 인생을 다른 레일 위로 올려라

이 질문에 그의 표정이 잠시 진지하게 가라앉았습니다.

"개인적으로는 너무나 속상하고 안타까운 현실입니다. 세상살이가 팍팍하고 자수성가하기 힘든 환경이 되다 보니, 청년들이 희망을 잃고 쉬운 길만 찾게 되는 것 같아요. 저 역시 사업을 하면서 부동산으로 쉽게 자산을 증식한 분들을 많이 만납니다. 하지만 분명히 말씀드릴 수 있는 것은, 그런 분들은 정말 일부에 불과하다는 겁니다. 제가 만난 대다수의 자산가는 과거에 정말 피땀 흘려 일하고, 아끼고, 고생해서 지금의 부를 이룬 분들이었습니다."

그의 목소리에 신심 어린 힘이 실렸습니다.

"과거보다 기회가 줄어든 것은 사실입니다. 하지만 기회가 아예 없는 것은 아닙니다. 열심히 노력하고 고생하다 보면 언젠가는 반드시 기회를 쟁취할 수 있습니다. 특히 중요한 것은, 초반의 기회를 잘 살리면 위로 올라가기가 점점 더 수월해진다는 점입니다. 첫 번째 기회를 잡는 것이 가장 어렵습니다. 그러니 청년들이 실망하지 말고, 그 첫 기회를 잡을 수 있도록 최선을 다했으면 좋겠습니다. 그 한 번의 성공이 당신을 완전히 다른 레일 위로 올려놓을 수 있습니다."

C 대표와의 대화는 제게 서늘한 현실 인식과 뜨거운 희망을 동시에 안겨주었습니다. 그는 뜬구름 잡는 위로 대신, '피와 땀'이라는 지극히 현실적인 성공의 법칙을 이야기했습니다. 성공은 요행이 아니라 노력의 결과이며, 기회는 기다리는 자가 아니라 잡으러 가는 자의 몫이라는 그의 말은, 안일한 생각에 빠져 있던 저를 날카롭게 후려쳤습니다.

사무실을 나서며, 저는 다짐했습니다. 더 이상 행운을 기다리지 않겠다고. 내게 주어진 첫 번째 기회를 잡기 위해, 오늘 내가 흘려야 할 피와 땀을 결코 외면하지 않겠다고 말입니다.

> **기회의 열쇠**
>
> 때로는 모든 것을 계산하는 완벽함보다, 무모해 보이는 용기가 위대한 시작을 만듭니다. 인생을 바꿀 첫 번째 기회는 기다리는 것이 아니라, 피와 땀으로 쟁취하는 것입니다. 단 한 번의 성공적인 기회가 당신의 인생을 완전히 다른 길로 이끌 수 있음을 믿으십시오.

5

세상에 하나뿐인
나만의 길

"나만의 길을 갑니다." 이 얼마나 단순하면서도 어려운 말일까 싶습니다. 우리는 매일 수많은 타협 속에서 살아갑니다. 세상과 타협하고, 타인과 타협하고, 결국에는 자기 자신과 타협하며 스스로 그어놓은 한계선 안에서 안주합니다. 하지만 여기, 마흔다섯의 나이에 그 모든 타협을 거부하고 자신의 인생을 송두리째 건 한 남자가 있습니다. D 대표의 이야기입니다. 그의 이야기는 안락한 노예의 삶을 버리고, 고통스럽지만, 자유로운 주인의 길을 택한 한 인간의 위대한 혁명에 관한 기록이었습니다.

그를 만나러 가는 길, 제 마음은 설렘과 호기심으로 가득했습니다. 그의 이력은 한 편의 잘 짜인 드라마와 같았기 때문입니다. 전국 기능 경기 대회 금상 수상, 특급 호텔에서 일하던 '몸값 비싼 이발사'였습니다. 월 1,000만 원이 넘는 수입을 올리며 30대 초반에 60평대 아파트까지 장만했던 그가, 모든 것을 버리고 피비린내 나는 마장동 축산물 시장으로 뛰어들었다는 이야기는 쉽게 믿기지 않는 전설처럼 들렸습니다.

약속 장소인 그의 식당에 들어서자, 맛있는 고기 냄새와 함께 활기찬 분위기가 저를 맞았습니다. 이른 저녁 시간임에도 식당은 손님들로 가득 차 있었습니다. 잠시 후 주방에서 나온 그는 다부진 체격에 서글서글한 눈매를 가진 사람이었습니다. 이발사였다는 과거가 믿기지 않을 만큼, 그의 손과 팔뚝에는 면도칼이 아닌 푸주칼과 씨름하며 생긴 듯한 단단한 근육이 자리 잡고 있었습니다.

"어서 오십시오!"

그의 목소리는 마장동 시장의 활기처럼 크고 힘찼습니다. 우리는 식당 한쪽에 자리를 잡고 앉았습니다. 주변의 소음에도 불구하고, 그의 목소리는 이상하리만큼 제 귓가에 선명하게 박혔습니다.

"정말 대단한 결정을 하셨습니다. 안정적인 삶이 보장된 최고의 이발사라는 직업을 버리고, 전혀 다른 분야에 뛰어든다는 것이 어떻게 가능했는지 궁금합니다."

"사람들은 다들 그렇게 말합니다. 왜 그 편한 길을 두고 사서 고생하느냐고요. 맞습니다. 그냥 그대로만 살았으면 평생 직업 걱정 없이 안정적으로 살았을 겁니다. 하지만 어느 날 문득, 그런 생각이 들더군요. '이건 내 삶이 아니다.' 매일 똑같이 반복되는 다람쥐 쳇바퀴 같은 삶이 참을 수 없이 답답하게 느껴졌습니다. 지난 20년의 삶이 나빴던 것은 아니지만, 저는 더 이상 노예처럼 끌려다니는 인생이 아니라, 제 스스로 삶의 주인이 되는 인생을 살고 싶었습니다."

안락한 노예의 삶을 버리고, 자유로운 주인의 길을 택하다

그의 눈빛이 이글거리는 것 같았습니다. 그것은 단순히 안주하는 삶을 이기고자 하는 열기를 넘어선, 자신의 진짜 인생을 찾고자 하는 간절한 열망의 불꽃이었습니다.

"그래서 세상에서 제일 잘 할 수 있고, 제일 편하게 할 수 있는 이발사의 일을 손에서 놓았습니다. 2013년 10월, 제 나이 마흔다섯에 말입니다. 그리고 곧장 마장동으로 향했습니다. 수도권 축산물 유통의 70%를 담당하는 그곳에서, 저는 가위 대신 칼을 잡았습니다."

"두렵지는 않으셨습니까? 45세라는 나이는 새로운 것을 시작하기에 적지 않은 나이인데요."

"왜 두렵지 않았겠습니까. 다들 '그 나이에 다른 일을 시작하는 건 무모하다'라고 뜯어말렸습니다. 하지만 저는 스스로와 타협하기 싫었습니다. 대부분의 사람은 자기 자신과 타협하고, 세상과 타협하며 살아갑니다. 그 타협점이라는 것도 사실은 자신의 편의에 따라 그어놓은 선일 뿐이죠. 저는 그 경계선을 스스로 넘어서고 싶었습니다. 그럴 때 비로소 진짜 자유가 주어진다고 믿었기 때문입니다."

그는 체력을 기르기 위해 매일 8km를 자전거로 달렸고, 아내와 아이들의 얼굴을 떠올리며 죽기 살기로 일을 배웠다고 합니다. 그는 자신의 철학을 이야기하며, '호랑이 굴'의 비유를 들었습니다.

"사람들은 흔히 '호랑이를 잡으려면 호랑이 굴에 들어가야 한다'라고 말만 합니다. 하지만 진짜 들어가는 사람은 드물죠. 저는 어려운 문제일수록 답은 그 문제 안에 숨어 있다고 생각합니다. 고기 유통을 배우고 싶으면, 고기 유통의 중심인 마장동으로 들어가야 하는 겁니다. 세상의 흐름에 그냥 떠내려가는 것이 아니라, 내가 원하는 세상이 있다면 그곳으로 직접 뛰어들어야 합니다. 내 인생은 내가 만들어가는 것이니까요."

D 내표의 이야기는 세 심장을 서세에 뛰게 했습니다. 그는 단순히 직업을 바꾼 것이 아니었습니다. 그는 자신의 인생을 송두리째 바꾸는 혁명을

일으킨 것이었습니다. 안정을 대가로 자유를 저당 잡혔던 삶을 청산하고, 스스로 자신의 인생을 조각하는 주인이 되기를 선택한 것이지요. 그의 식당이 손님들로 붐비는 이유는 단지 고기 맛이 좋아서만은 아닐 것입니다. 자신의 인생을 걸고 뜨겁게 살아가는 한 남자의 열정과 진솔한 이야기가 그 공간을 가득 채우고 있기 때문일 것입니다.

　식당을 나오며 저는 밤하늘을 올려다보았습니다. 수많은 별이 각자의 자리에서 자신만의 빛을 내고 있는 듯 보였습니다. D 대표는 저에게 가르쳐 주었습니다. 남들이 정해준 안전한 궤도를 따라 도는 행성이 되기보다, 때로는 위험을 감수하더라도 스스로 빛을 내는 별이 되는 삶이 더 가치 있을 수 있다는 것을. 그리고 그 길은, 세상과 타협하는 대신 오롯이 자기 자신으로 서는 용기에서 시작된다는 것을 말입니다.

주인의 열쇠

> 세상과 타협하는 안락한 삶이 아닌, 스스로 삶의 주인이 되는 길을 선택해야 합니다. 자신이 그어놓은 한계와 타협점을 넘어설 때, 비로소 진정한 자유를 얻을 수 있습니다. 어려운 문제일수록 그 해답은 문제의 중심에 있음을 기억하고, 정면으로 부딪치십시오.

6

다듬어지지 않은
원석의 가능성

 우리는 누구나 다듬어지지 않은 원석과 같다고 말합니다. 어떤 가능성을 품고 있는지, 어떤 빛을 낼 수 있는지 스스로는 알지 못하기 때문입니다. 그때, 나의 가치를 알아봐 주고, 거친 표면을 깎아내 빛을 발견해 주는 귀인을 만난다는 것은 인생 최대의 행운일 것입니다.
 E 대표에게 그 귀인은 바로 그의 아내였습니다. 그의 성공 신화는 한 남자의 비범한 재능에 관한 이야기가 아니라, 진정한 파트너십이 한 사람의 인생을 어떻게 위대하게 만들 수 있는지에 대한 감동적인 증언이었기 때문입니다.

 그는 유명 프랜차이즈의 성공 신화를 쓴 입지전적인 인물입니다. 그를 만나기 위해 찾아간 서울 외곽의 본사 사무실은 화려하지는 않았지만, 모든 것이 효율적으로 잘 정돈되어 있었습니다. 사무실 한쪽에서 직원과 스스럼없이 대화를 나누고 있던 그는, 인기척을 느끼고 저를 돌아보았습니다. 사람 좋은 웃음과 서글서글한 인상이 마치 오랫동안 알고 지낸 동네 형님처럼 편안하게 느껴졌습니다.

"아이고, 오셨습니까. 이런 데까지 오시느라 힘드셨죠."

그는 저를 회의실로 안내하며 스스럼없이 말을 건넸습니다. 그의 말투에는 꾸밈이나 격식이 없었지만, 사람을 끌어당기는 묘한 매력이 있었습니다.

"대표님의 성공 스토리는 많은 사람들에게 영감을 줍니다. 그중에서도 결혼이 인생의 가장 큰 전환점이었다고 말씀하신 것이 무척 인상적이었습니다."

제 말에 그는 쑥스러운 듯 머리를 긁적이며 환하게 웃었습니다.

"좀 닭살 돋는 얘기죠? 허허. 그런데 사실입니다. 저는 제 아내를 만나고 결혼하면서 인생이 180도 바뀌었어요. 저와는 전혀 다른 사람이었는데, 중학교 때부터 알던 사이였어요. 계속 알고 지내다가 이렇게 결혼까지 하게 될 줄은 정말 몰랐습니다. 아내의 말을 빌리자면, 결혼 전의 저는 '전혀 다듬어지지 않은 야생마' 같은 사람이었다고 하더군요."

야생마의 잠재력을 알아본 귀인, 인생을 바꾼 최고의 파트너십

그는 잠시 아련한 추억에 잠기는 듯했습니다.

"저는 부족한 점이 참 많은 사람이었습니다. 특히 어렸을 때는 철이 없어서 어머니 속도 많이 썩였고요. 그런데 아내가 그런 저의 모난 부분들을 하나씩 다듬어주고, 부족한 부분을 채워주었습니다. 제가 미처 보지 못하는 것들을 보게 해주고, 제가 망설일 때 용기를 주었죠. 지금도 회사 일을 함께하고 있는데, 저희는 항상 선택의 기로에서 함께 고민합니다. 저는 성격이 급해서 A냐 B냐를 두고 금방 결론을 내리려 하는데, 아내는 늘 한발 뒤에서 더 넓게 보고 현명한 조언을 해줍니다. 저에게는 제 자신을 비춰주는 거울 같은 사람이자, 인생의 가장 훌륭한 조언자입니다."

그는 자신의 성공이 온전히 아내 덕분이라며, 프랜차이즈 상호에 얽힌 일화를 들려주었습니다.

"지금 저희 브랜드 이름도 사실 아내가 지어준 겁니다. 저는 그때 특허나 상표법 같은 걸 잘 몰라서 평범한 이름을 생각하고 있었는데, 아내가 지금의 독특한 이름을 제안했습니다. 덕분에 다른 가게들과는 다른 식별력을 갖게 된 것이죠. 사업의 시작부터 지금까지, 아내의 도움이 없었다면 지금의 성공은 불가능했을 겁니다."

그의 이야기에서 저는 진정한 파트너십의 의미를 보았습니다. 서로의 부족함을 채워주고, 함께 성장하며, 같은 목표를 향해 나아가는 것. E 대표에게 아내는 단순히 배우자를 넘어, 그의 잠재력이라는 원석을 알아보고 세상 밖으로 이끌어 낸 조련사이자, 그의 사업을 함께 일군 동업자였던 것입니다. 저는 그에게 오늘날 청년들이 겪는 어려움에 대해 어떻게 생각하는지 물었습니다.

"요즘 청년들이 사회에 대한 비관론이 많은 것 같아 안타깝습니다. 금수저, 흙수저 이야기가 나오는 것도 그만큼 살기 힘들다는 방증이겠지요. 저 역시 금수저는커녕 은수저도 아니었고, 넉넉하지 않은 형편에서 악착같이 노력해서 지금에 이르렀습니다. 그런데 한 가지 꼭 해주고 싶은 말이 있습니다. 바로 '준비된 사람이 행운을 잡는다'라는 것입니다."

행운은 준비된 자의 몫, 묵묵히 기회를 준비하는 지혜

그는 자신이 직접 겪은 한 직원의 이야기를 예로 들며 목소리를 높였습니다.

"저희 회사에 월급이 많지 않은 생산직 직원이 한 분 계셨습니다. 그런데 그분은 퇴근 후에 부동산 세미나를 그렇게 열심히 보러 다니셨습니다. 남들이 비웃을 때도, 묵묵히 미래를 위해 준비하고 있었던 겁니다. 다들 그분에 대해, 넉넉지 않은 형편에 무슨 재테크냐고 생각했죠. 그러다 기회가 왔습니다. 집 근처에 좋은 조건의 오피스텔이 분양된 겁니다. 그분은 망설이지 않고 그 기회를 잡았고, 지금은 엄청난 프리미엄이 붙었다고 합니다. 그분은 준비했기에 자신에게 온 행운을 잡을 수 있었던 겁니다. 사람들은 준비도 안 해놓고 대박만 꿈꿉니다. 하지만 행운은 그렇게 오지 않습니다."

   E 대표의 이야기는 제게 깊은 울림을 주었습니다. 다듬어지지 않았던 자신을 알아봐 준 아내처럼, 그는 평범한 직원에게서 남들이 보지 못한 가능성을 보았고, 그 가능성이 현실이 되는 과정을 지켜보았습니다. 그는 제게 말하고 있었습니다. 당신이라는 원석의 가치를 알아봐 줄 귀인을 만나는 것도 중요하지만, 더 중요한 것은 스스로를 끊임없이 갈고닦으며 기회가 왔을 때 그 빛을 발할 준비를 하는 것이라고 말입니다. 그의 소박하지만 힘 있는 목소리가 제 귓가에 오랫동안 맴돌았습니다.
   "준비된 사람들이 항상 행운을 잡습니다."라는 말이….

관계의 열쇠

진정한 파트너는 나의 잠재력이라는 원석을 알아보고 함께 빛나게 해주는 사람입니다. 행운은 준비된 사람만이 잡을 수 있는 선물이므로, 묵묵히 미래를 준비하는 지혜가 필요합니다. 나의 가치를 알아봐 줄 귀인을 만나는 것만큼, 스스로를 갈고닦는 노력도 중요합니다.

7

실패라는 이름의
기회

성수동으로 향하는 지하철 창밖으로 낡은 공장 건물이 스쳐 지나갔습니다. 한때 대한민국 산업의 심장이었을 그곳은 이제 붉은 녹을 세월의 훈장처럼 달고 있었습니다. 그러나 그 낡음 사이로 세련된 카페와 편집숍, 그리고 오늘 내가 만나러 가는 F 대표의 회사 같은 스타트업들이 새싹처럼 돋아나고 있었습니다. 낡음과 새로움이 공존하는 곳, 어쩌면 저곳이 오늘 제가 들어야 할 이야기의 본질일지도 모른다는 생각이 들었습니다.

실패가 두려워 안정적인 직장의 문고리만 붙들고 있는 제 삶은 저 낡은 공장과 같았습니다. 언젠가 무너져 내릴 것을 알면서도, 그 안락한 폐허를 떠나지 못하고 있었습니다. '망해도 젊어서 망하는 게 낫다'라는 생각으로, 마음 맞는 동료 몇몇과 가볍게 창업의 강물에 뛰어들었다는 그의 이야기는 제게 너무나 비현실적으로 들렸습니다. 창업이란 비장한 각오와 철저한 계획, 그리고 실패의 무게를 짊어질 수 있는 강인한 어깨를 가진 자들만의 영역이 아니었을까 저는 그 '가벼움'의 비밀이 궁금했습니다. 실패의 공포를 이겨내는 주문이라도 있는 것일까라는 생각을 하게 되었습니다.

실패를 두려워하지 않는 가벼운 시작

그가 이끄는 회사의 문을 열자, 젊음의 용광로 같은 뜨거운 에너지가 저를 덮쳤습니다. 칸막이 없는 개방된 공간은 수십 개의 아이디어가 동시에 폭발하고 부딪히는 소리로 가득했습니다. 벽마다 붙어있는 화이트보드에는 이제 막 태어난 문장과 그림들이 빼곡했고, 한쪽에서는 젊은 직원들이 자유롭게 서서 열띤 토론을 벌이고 있었습니다. 이곳은 정해진 길을 따라가는 공장이 아니라, 매일 새로운 길을 만들어내는 탐험가들의 베이스캠프처럼 보였습니다.

잠시 후, 회의실에서 나온 F 대표는 편안한 캐주얼 차림에 온화한 미소를 띠고 있었습니다. 저는 내심 강한 카리스마로 조직을 휘어잡는 젊은 리더의 모습을 상상했지만, 그는 오히려 길을 잃은 나그네에게 기꺼이 샘물을 내어줄 것 같은 탐험가의 얼굴을 하고 있었습니다.

"어서 오십시오. 정신이 없죠? 저희가 늘 이렇습니다."

그는 멋쩍게 웃으며 저를 회의실로 안내했습니다. 투명한 유리벽 너머로 직원들의 활기찬 모습이 고스란히 보이는 공간, 그곳에 앉아 저는 그의 특별한 시작에 대해 물었습니다.

"대표님의 창업 이야기는 제게 큰 충격이었습니다. 대부분의 사람들이 실패를 두려워하며 안정을 택하는데, 대표님께서는 '실패하면 다시 취직하면 되지'라는 생각으로 시작하셨다고요. 어떻게 그런 가벼운 마음이 가능했는지, 그 용기의 출처가 궁금합니다."

제 질문에 그는 잠시 과거를 들여다보는 듯 눈을 가늘게 떴습니다. 그의 시선은 유리벽 너머, 열정적으로 일하는 젊은 직원들의 모습을 향해 있었습니다.

"비장함이 없었다면 거짓말이겠지요. 다만 저희에게는 실패에 대한 일종의 '안전망'이 있었습니다."

그는 말을 이어 나갔습니다.

"그 안전망은 돈이나 대단한 배경이 아니었습니다. 바로 '젊음'이었죠. '설령 이 도전이 실패로 끝나더라도, 우리는 아직 젊기에 얼마든지 다시 시작할 수 있다.' 이 믿음이 저희를 자유롭게 만들었습니다. 함께 회사를 나온 동료들 모두 같은 마음이었어요. 각자 다른 회사에서 '내가 마케팅 전문가'라는 자부심도 있었고요. 그래서 거창한 투자 없이, 딱 우리 몇 명이서 지지고 볶고 할 수 있는 만큼만 해보자, 그런 마음으로 뭉쳤던 겁니다."

그의 말을 들으며 저는 '젊음'이라는 단어의 의미를 다시 생각했습니다. 그것은 단순히 나이가 어리다는 생물학적 사실이 아니었습니다. 그것은 실패를 자산으로 만들 수 있는 시간과 가능성, 다시 일어설 수 있다는 믿음의 다른 이름이었습니다.

"마음 맞는 친구끼리의 동업은 성공하기 더 어렵다는 말이 많습니다. 의견 충돌은 없으셨습니까?"

"왜 없었겠습니까. 그래서 저희는 처음부터 한 가지 중요한 원칙을 정했습니다. 아무리 수평적인 관계를 지향하더라도, 최종적인 의사 결정을 내릴 리더는 반드시 필요하다는 것에 모두가 동의했죠."

그는 겸연쩍게 웃으며 말했습니다.

"그래서 어쩔 수 없이 제가 그 총대를 멘 겁니다. 다들 전문가랍시고 자기 의견만 내세우면 배가 산으로 갈 테니까요. 물론 그 과정에서도 수많은 위기가 있었습니다. 흔히 말하는 '오픈빨' 덕분인지 창업 첫해는 정말 신나게 일했습니다. 그런데 딱 2년째 되던 해, 정말 죽을 만큼 힘든 시간이 찾아왔습니다. '2년 차 징크스'라는 게 괜히 있는 말이 아니더군요."

'남 탓하지 말자'라는 약속, 함께 위기를 극복하는 동료의 힘

저는 그의 표정에서 그 시절의 고통을 읽을 수 있었습니다. 통장 잔액은 바닥을 드러내고, 믿었던 클라이언트는 떠나가고, 함께 꿈을 꾸었던 동료들 사이에서는 미묘한 불신의 기류가 흘렀을 것입니다.

"그 위기를 어떻게 극복하셨습니까?"

"그때 저희를 붙잡아준 것은 창업 초기에 했던 '남 탓하지 말자'라는 약속이었습니다."

그는 단호하게 말했습니다.

"상황이 힘들어지면 보통 자기 잘못은 애써 외면하고, 가장 쉬운 길인 남의 탓, 환경 탓을 하게 되잖습니까. 저희는 그러지 않기로 했습니다. 이 위기는 누구 한 사람의 실수가 아니라, 우리가 함께 넘어야 할 산이라고 생각했습니다. 외부 환경을 원망하며 주저앉는 대신, 우리가 지금 당장 할 수 있는 작은 것부터 다시 시작했습니다. 새로운 영업 라인을 뚫기 위해 맨땅에 헤딩하듯 발품을 팔았죠. 그렇게 3년 차에 접어들면서 서서히 회복하기 시작했고, 4년 차부터는 고정 클라이언트들이 생기면서 안정적인 궤도에 오를 수 있었습니다."

그의 이야기 속에서 저는 한 편의 성장 드라마를 보고 있었습니다. 실패의 책임을 서로에게 전가하는 대신 함께 짊어지고, 외부에서 원인을 찾기보다 내부에서 해결책을 찾는 건강한 문화. 그것이 그의 회사를 다시 일어서게 한 진정한 원동력이었기 때문입니다.

"요즘 저처럼 길을 찾지 못해 고민하는 청년들에게 어떤 조언을 해주고 싶으신가요?"

"조금은 뻔한 이야기처럼 들릴지 모르겠습니다. 하지만 저는 진심으로, 남과 비교하지 말고 나만의 즐거움을 찾으라고 말해주고 싶습니다."

그의 목소리는 따뜻하고 단호했습니다.

"내가 무엇을 해야 할지 막막하게 느껴질 때는, 그냥 내가 해서 즐거운 것, 재미있는 것, 그래서 아주 조금이라도 주변에서 잘한다고 칭찬해 주는 것을 한번 해보세요. 그리고 절대로 급하게 서두르지 마십시오. 인생의 기회는 세 번만 오는 게 아닙니다. 기회는 끊임없이, 계속해서 옵니다. 다만, 내가 아무런 준비가 되어 있지 않으면 그 기회가 내 앞을 스쳐 지나가는 것조차 알아채지 못할 뿐입니다."

F 대표와의 만남은 저를 옭아매던 두려움의 실체를 보게 했습니다. 실패가 두려운 것이 아니라, 실패를 대하는 저의 태도가 문제였던 것입니다. 사무실을 나서며 무작정 성수동의 거리를 걸었습니다. 낡은 공장을 허물지 않고 그 안에 새로운 생명을 불어넣은 가게들처럼, 저 역시 실패의 경험을 부수어 버릴 것이 아니라, 그 안에 새로운 성장의 씨앗을 심어야겠다고 다짐했습니다.

도전의 열쇠

실패를 자산으로 만들 수 있다는 믿음이 있다면, 두려움 없이 새로운 도전을 시작할 수 있습니다. 위기의 순간, 남을 탓하기보다 동료와 함께 책임지고 해결책을 찾을 때 위기를 극복할 수 있습니다. 인생의 기회는 계속해서 오고 있으니, 조급해하지 말고 나만의 즐거움을 찾아 꾸준히 나아가십시오.

8

시련의 불길로 자신을
단련시킨 거인의 일갈

G 회장과의 만남은 그가 수십 년에 걸쳐 일군 거대한 왕국의 심장부, 그의 집무실에서 이루어졌습니다. 한눈에 봐도 오랜 역사를 품은 듯한 고풍스러운 품격과 현대적인 감각이 조화를 이루는 공간이었습니다. 거대한 창밖으로는 한 치의 흐트러짐 없이 가꾸어진 정원과 미래를 향해 뻗어 나가는 연구소 건물이 보였고, 그 풍경만으로도 그가 걸어온 길의 무게와 깊이가 고스란히 느껴졌습니다.

잠시 후, G 회장이 조용한 미소로 저를 맞았습니다. 그의 깊은 눈빛에서는 한 시대를 꿰뚫는 노학자의 통찰력이 느껴졌고, 저는 그가 평범한 기업가가 아니라 자신만의 철학으로 세상을 움직이는 사상가에 가깝다고 생각했습니다. 그 압도적인 존재감 앞에서 저는 조심스럽게 말문을 열었습니다.

"회장님의 발자취를 돌아보면, 지금의 회사를 설립하신 것이 인생의 가장 큰 터닝 포인트였을 것으로 생각됩니다. 하지만 그보다 15년 전에, 모두가 선망하던 안정적인 은행 대리직을 그만두고 작은 회사의 기획실로 옮기신 것이 진짜 시작이었다는 말씀에 깊은 감명을 받았습니다."

거대한 산을 오르기 위한 15년, 안정을 버리고 선택한 수련의 길

제 말에 그는 조용히 고개를 끄덕이며, 나지막하지만 강한 울림을 가진 목소리로 답했습니다.

"사람들은 회사를 창업한 것만 기억하지만, 그건 열매일 뿐 씨앗이 아니었다고 봅니다. 진짜 시작은 20대 중반, '나는 무엇을 위해 살아야 하는가?'라는 질문을 나 자신에게 던지기 시작한 그 순간이었지요."

그의 목소리는 아득한 과거를 향해 있었습니다.

"그때는 은행에 들어가는 것이 요즘 삼성전자에 들어가는 것보다 훨씬 어려웠고, 최고의 성공으로 여겨지던 시절이었죠. 모두가 부러워하는 그 자리를 박차고 월급도 적고 이름도 없는 중견 제약회사로 옮긴다고 했을 때, 주위에서는 다들 저를 이해하지 못했지요. 하지만 저는 그 선택이 내 인생을 위한 '수련'의 시작이라고 확신했습니다. 창업이라는 거대한 산을 오르기 위해, 15년 동안 묵묵히 산길을 걸으며 스스로를 단련시킨 셈이지요."

'15년의 수련.' 그 한마디가 제 가슴에 거대한 바위처럼 내려앉았습니다. 눈앞의 이익이나 안정을 좇지 않고, 자신의 원대한 목표를 위해 15년이라는 장구한 시간을 묵묵히 준비한 그의 배포와 혜안 앞에서 저는 절로 고개가 숙여졌습니다. 그 긴 어둠의 시간을 버티게 한 힘은 과연 무엇이었을까.

"그 긴 시간 동안 회장님을 이끌었던 신념은 무엇이었습니까?"

"'나는 내 길을 간다'라는 믿음이었지요."

그는 한 치의 망설임도 없이 말했습니다. 그러고는 최근 우리 사회를 지배하고 있는 '수저 계급론'에 대해 깊은 우려와 안타까움을 표했습니다.

"요즘 젊은이들이 금수저, 흙수저 타령을 하는 것을 보면 참으로 가슴이 아픕니다. 제가 단언컨대, 세상에 금수저라는 건 원래 없는 것입니다. 모든 수저는 처음에는 다 흙수저, 나무수저, 쇠수저에 불과합니다."

그의 목소리에 안타까움이 짙게 배어 나왔습니다.

"굳이 비유를 하자면, 흙수저는 인생이라는 시련의 불길 속에서 구워지면 구워질수록 점점 더 단단하고 아름다운 도자기가 되지만, 금수저는 그 뜨거운 불에 들어가면 형체도 없이 녹아버려 아무 쓸모가 없게 됩니다. 그런데 왜 스스로를 나약한 존재로 규정하며 세상을 부정적인 눈으로만 바라보는지…."

금수저는 불에 녹는다, 시련의 불길로 단련하는 흙수저의 가능성

그의 목소리가 조금 높아졌습니다. 그것은 젊은 세대를 향한 질책이 아니라, 그들의 무한한 가능성을 꺾어버리는 사회 분위기에 대한 진심 어린 통탄이었습니다.

"옛날 우리 어릴 적에는 토끼와 거북이 경주 이야기를 들려주며 '쉬지 않고 노력하면 느린 거북도 빠른 토끼를 이길 수 있다'라는 희망의 메시지를 주었습니다. 그런데 지금 사회의 리더들은 금수저, 흙수저 이야기로 희망이 아닌 절망의 메시지를 퍼뜨리고 있으니, 이것은 명백히 우리 기성세대의 잘못이 크다고 생각합니다. 젊을 때는 누구나 다 흙수저입니다. 중요한 것은 그 흙으로 무엇을 빚어낼 것인가, 그 시련의 불길 속에서 어떻게 자신을 단련시킬 것인가 하는 점이지요."

G 회장의 일갈은 저를 둘러싸고 있던 패배주의의 단단한 껍질에 거대한 균열을 내는 것 같았습니다. 흙수저라는 것은 극복해야 할 단점이 아

니라, 시련을 통해 더 단단해질 수 있는 '가능성'의 다른 이름이라는 그의 통찰은 충격 그 자체였기 때문입니다. 만남을 마치고 그의 집무실을 나오며, 저는 뜨거운 불길 속에서 천천히 구워지는 한 점의 도자기를 떠올렸습니다. 고통스러운 인고의 시간이 없다면, 한 줌의 흙은 결코 영롱한 빛을 내는 명품 도자기로 다시 태어날 수 없기 때문입니다.

시련의 열쇠

흙수저는 시련의 불길 속에서 더욱 단단하고 아름다운 도자기가 될 수 있음을 기억하십시오. 눈앞의 안정을 좇기보다, 원대한 목표를 위해 묵묵히 자신을 단련하는 수련의 시간이 필요합니다. 세상을 부정적으로 보기보다, 시련을 성장의 자양분으로 삼아 자신의 길을 개척해 나가야 합니다.

9

절망의 바닥에서
길어 올린 희망, 컬러 테라피

　세상에는 눈에 보이는 상처보다 더 깊은 내면의 상처를 안고 살아가는 사람들이 있습니다. 컬러(Color)를 통해 사람의 마음을 치유하는 일을 하는 H 대표가 바로 그런 사람이었습니다. 약속 장소인 그의 상담 센터는 번화가에서 한 걸음 비켜선 조용한 골목에 자리하고 있었습니다. 문을 열고 들어서는 순간, 부드러운 조명과 은은한 아로마 향기, 그리고 공간을 가득 채운 다채로운 색깔들이 소란스러웠던 내 마음을 차분하게 가라앉혀 주었습니다.

　상담실 안쪽에서 나온 그는 조용하고 차분한 목소리, 그리고 상대의 마음을 꿰뚫어 보는 듯한 깊은 눈빛을 가지고 있었습니다. 그의 얼굴에는 과거의 아픔이 남긴 옅은 그늘과 그것을 온전히 극복한 자만이 가질 수 있는 평온함이 함께 어려 있었습니다. 저는 조심스럽게 그의 삶을 바꾼 두 번의 결정적 순간에 대해 물었습니다.
　"대표님께서는 인생의 터닝 포인트가 두 번 있었다고 말씀하셨습니다. 첫 번째는 병으로 인해 학업을 중단해야 했던 고등학교 시절이라고요."

"네, 맞습니다. 저는 오랜 시간 병원 신세를 지느라 평범한 학창 시절을 보내지 못했습니다. 육체적으로나 정신적으로나 제 인생에서 가장 춥고 어두웠던 시기였죠."

그의 목소리는 담담했지만, 그 안에 담긴 시간의 무게는 결코 가볍지 않았습니다.

"하지만 아이러니하게도, 사람은 가장 깊은 절망의 바닥에 이르렀을 때 비로소 가장 소중한 것들을 발견하게 되더군요. 저는 그때 가족의 사랑, 그리고 아주 작지만 소중한 일상의 가치를 뼈저리게 느꼈습니다. 건강하게 숨 쉬고, 내 발로 걷고, 사랑하는 사람과 밥을 먹는다는 것이 얼마나 큰 기적인지를 말입니다. 그때의 경험이 사람에 대한 이해, 나눔에 대한 생각의 뿌리가 되었고, 지금 제가 하는 일의 근본적인 바탕이 되었습니다."

미래의 희망(올리브그린)과 오늘의 감사(마젠타), 보색(補色)에 담긴 삶의 지혜

그는 고통을 단지 고통으로만 남겨두지 않고, 그것을 통해 타인의 아픔에 공감하고 세상을 더 깊이 이해하는 성장의 거름으로 승화시킨 사람이었습니다.

"두 번째 터닝 포인트는 '컬러'를 만난 것이라고 하셨습니다. 당시 무척 힘든 시기를 보내고 계셨다고 들었습니다."

"그때 저는 깊고 어두운 우울의 터널을 지나고 있었습니다. 회사를 그만두고 제힘으로 무언가를 해보려 했지만, 현실의 벽은 너무나 높았고, 과거의 아픈 기억까지 되살아나면서 감당하기 힘든 시간을 보냈습니다."

7억 눈빛이 잠시 흔들리는 듯 보였습니다.

"매일 '나는 이제 무엇을 해야 하지?'라는 질문을 던지며 인터넷의 망망

대해를 헤매다가, 우연히 컬러에 대한 프로그램을 접하게 되었습니다. 그리고 컬러를 공부하면서, 저는 처음으로 '진짜 나'를 정면으로 마주하게 되었습니다. 컬러는 제게 말을 걸어왔고, 저 자신도 몰랐던 제 안의 상처와 가능성을 동시에 비춰주었습니다. 그 과정을 통해 저는 스스로를 치유할 수 있었고, 제가 받은 이 놀라운 경험을 다른 사람들과도 나누고 싶다는 간절한 생각에 이 사업을 시작하게 된 것입니다."

그는 자신의 전문 분야인 컬러를 통해 희망의 원리를 설명해 주었습니다. 그의 설명은 마치 한 편의 시처럼 아름답고 깊이가 있었습니다.

"힘들 때는 먼 미래를 생각하면 앞이 캄캄하고 막막하게 느껴집니다. 이럴 때 저는 컬러의 지혜를 빌려 이야기하고 싶습니다. 컬러의 언어에서 '희망'이라는 키워드는 '올리브그린'이라는 색이 가지고 있습니다. 그런데 참 재미있게도, 이 올리브그린의 보색, 즉 정반대 편에 있는 색은 '마젠타'입니다. 그리고 마젠타 컬러가 가진 키워드는 바로 '매 순간 오늘에 감사하라'는 것입니다."

그의 설명에 저는 숨을 죽였습니다. 희망과 감사. 전혀 관계없어 보이는 두 가지 개념이 '보색'이라는 필연적인 관계로 연결되어 있다는 사실이 놀라웠습니다.

"이것은 무엇을 의미할까요? 결국 내가 먼 미래의 희망(올리브그린)을 발견하기 위해서는, 지금, 이 순간 오늘 하루의 작은 일들에 감사하는 마음(마젠타)을 가져야 한다는 뜻입니다. 아침에 눈을 뜰 수 있음에 감사하고, 밥을 먹을 수 있음에 감사하고, 누군가를 만날 수 있음에 감사하는 그 마음들이 모일 때, 비로소 깜깜했던 미래에 희망의 빛이 보이기 시작하는 것이죠."

H 대표와의 만남은 상처로 얼룩졌던 내 영혼을 정화하는 시간이었습니다. 그는 가장 깊은 절망 속에서 가장 찬란한 희망의 원리를 길어 올린 사람이었습니다. 상담 센터를 나서자, 흐린 하늘 사이로 한 줄기 햇살이 비치고 있었습니다. 그것은 마치 제게 보내는 올리브그린과 마젠타의 따뜻한 메시지처럼 느껴졌습니다.

희망의 열쇠

인생의 가장 깊은 절망의 바닥에서, 비로소 가장 소중한 가치를 발견할 수 있습니다. 막막한 미래의 희망(올리브그린)은 오늘 하루의 작은 것에 감사하는 마음(마젠타)에서 시작됩니다. 가장 큰 고통의 경험이야말로 타인의 아픔에 공감하고 세상을 배우는 성장의 거름이 됩니다.

10

인생을 바꾸는
인문학의 힘

인문학자이자 베스트셀러 작가인 I 저자와의 만남은 고즈넉한 정취가 묻어나는 인사동의 한 찻집에서 이루어졌습니다. 찻집 안은 오래된 목재의 향기와 묵향(墨香)이 은은하게 배어 있었고, 창호지 문을 통해 들어오는 오후의 햇살이 공간을 부드럽게 감싸고 있었습니다. 그곳에는 마치 시간의 흐름이 멈춘 듯, 속도와 경쟁의 시대를 잠시 잊게 만드는 평온한 힘이 있었습니다.

잠시 후, 희끗한 머리를 단정하게 빗어 넘긴 저자가 찻집으로 들어섰습니다. 그의 온화한 인상과 학자 특유의 깊은 눈빛에서는 오랜 시간 쌓아 온 지혜의 연륜이 느껴졌습니다. 그는 겸손하게 인사를 건네며 맞은편에 앉았고, 그의 말투는 나지막했지만, 한 마디 한 마디에 담긴 무게감은 결코 가볍지 않았습니다.

"선생님의 저서를 통해 많은 것을 배웠습니다. 선생님의 삶을 송두리째 바꾸었다는 가장 큰 터닝 포인트는 '인문학 운동'을 시작하신 것이라고 들었습니다. 무엇이 선생님을 그토록 깊은 인문학의 길로 이끌었는지 여쭙고 싶습니다."

제 질문에 그는 따뜻한 찻잔을 두 손으로 감싸 쥐며, 먼 과거로의 여행을 시작하듯 입을 열었습니다.

"사람들은 제게 묻습니다. 이토록 빠르게 변하는 세상에, 당장 돈이 되지 않는 인문학을 왜 그토록 붙들고 있느냐고 말입니다. 그럴 때마다 저는 제 어린 시절을 떠올립니다. 저의 첫 번째 인문학 스승은, 평생 농사만 지으셨던 제 아버님이었습니다."

그의 이야기는 내가 예상했던 방향과는 전혀 다른 곳으로 흘러갔습니다.

"아버님은 학교 문턱에도 가보지 못했지만 스스로 한글을 깨친 분이셨습니다. 그런 아버님께서, 긴긴 겨울밤이면 등잔불 밑에 엎드려 있는 제게 낭랑한 목소리로 책을 읽어주시곤 했습니다." 그의 눈빛이 아련해졌습니다.

등잔불 밑 아버지의 책 읽는 소리, 한평생을 이끈 첫 인문학 수업

"그때 아버님이 읽어주시던 책의 내용은 희미하지만, 그 시간을 통해 저는 자연스럽게 책을 사랑하는 아이로 자라났습니다. 초등학교 3학년 때, 어른들도 읽기 힘든 깨알 같은 글씨의 『삼국지』 상·중·하권을 몇 번이고 탐독했을 정도니까요."

가난한 농사꾼 아버지가 피곤한 몸을 이끌고 어린 아들에게 밤늦도록 책을 읽어주었다는 이야기를 듣고 있자니, 저는 그 모습이 눈앞에 그려지는 듯하여 가슴 한쪽이 뭉클해졌습니다. 그의 인문학적 소양은 값비싼 과외나 명문 학교가 아닌, 아들의 미래를 위해 기꺼이 자신의 시간을 내어준 아버지의 서툰 사랑에서 시작된 것이었습니다.

"그렇게 싹튼 인문의 씨앗은 중학교 시절 '고전 반' 활동을 통해 본격적으로 자라나기 시작했습니다. 돌이켜보면 저는 참 운이 좋았던 셈입니다.

제 청소년기에 기성세대 어른들이 '고전을 읽어야 한다'라며 독서 운동을 펼쳐주었고, 저는 그 혜택을 고스란히 받은 세대니까요."

그는 잠시 말을 멈추고 제 눈을 지그시 바라보았습니다.
"그런데 지금 우리 사회는 어떻습니까? 기성세대는 청년들에게 더 좋은 스펙, 더 높은 연봉만을 강요할 뿐, 삶의 지혜를 전하고 고전의 가치를 알려주는 일에는 너무나 인색합니다. 저는 이제 제가 받은 것을 다음 세대에게 고스란히 돌려주어야 할 때라고 생각합니다. 그것이 저의 '소명'입니다. 제 청소년기에 기성세대가 제 삶에 선한 영향을 주었듯이, 이제는 제가 청년들의 삶에 인문이라는 등불을 밝혀주는 역할을 해야 한다고 믿습니다."

그의 목소리에는 흔들림 없는 사명감이 담겨 있었습니다. 그에게 인문학은 단순히 지식을 쌓는 학문이 아니라, 세대와 세대를 잇고, 어두운 시대를 밝히는 '빛'과 같은 것이었습니다. I 저자와의 대화를 마치고 찻집을 나서는 길, 복잡했던 머릿속이 맑아지는 기분이 들었습니다. 한 사람의 인생을 바꾸고, 나아가 시대를 관통하는 지혜를 다음 세대에 전하는 것. 그것이야말로 돈으로 환산할 수 없는 가장 위대한 성공이 아닐까? 라고 말입니다.

소망의 열쇠

한 세대의 끈기 있는 가르침과 사랑이 다음 세대의 인생을 바꾸는 씨앗이 됩니다. 당장의 이익을 넘어, 삶의 지혜를 전하고 시대의 등불을 밝히는 가치를 추구해야 합니다. 나 자신을 넘어 다음 세대의 삶에 선한 영향을 주는 소명을 발견할 때 진정한 성공은 완성됩니다.

{ 2부 }

인생의 변곡점, 기회는 절망의 얼굴로 찾아온다

THE SECRET TO CREATING YOUR OWN LUCK

혹독한 시련과 처절한 실패의 순간은 인생의 끝이 아니라, 삶의 방향을 재설정할 가장 위대한 기회가 될 수 있습니다. 목표 없이 방향을 잃고 있거나 안정이라는 새장 속에 갇혀 있다면, 실패를 두려워하지 않는 용기가 필요합니다. 절박함을 안고 자신의 모든 것을 걸고 독하게 도전할 때, 예상치 못한 새로운 길이 열릴 것입니다. 실패의 경험은 우리를 더 강하고 겸손하게 만드는 가장 위대한 스승이 되어줄 것입니다.

11

목표가 있는 자는
길을 잃지 않는다

필라테스 스튜디오를 운영하는 J 대표와의 만남은 그가 운영하는 청담동의 한 스튜디오에서 이루어졌습니다. 문을 열고 들어서자, 전면 유리창으로 쏟아져 들어오는 눈 부신 햇살과 정갈하게 정돈된 기구들, 그리고 공간을 감도는 상쾌한 아로마 향기가 몸과 마음을 동시에 편안하게 만들었습니다. 이곳은 단순히 몸을 단련하는 공간을 넘어, 흐트러진 삶의 균형을 바로잡는 수련의 공간처럼 느껴졌습니다.

잠시 후, 안쪽에서 나온 J 대표는 한 치의 흐트러짐 없는 자세와 탄탄한 몸, 그리고 상대를 꿰뚫어 보는 듯한 날카로운 눈빛을 가진 사람이었습니다. 그는 잘 훈련된 운동선수 출신의 코치처럼 절도 있는 움직임과 군더더기 없이 명료한 목소리로 저를 맞았습니다. 그의 모든 것에서 '목표'와 '자기 관리'라는 단어가 선명하게 떠올랐습니다.

"대표님의 이력을 보면, 괌에서의 혹독한 생활과 W 워커힐 호텔에서의 시간이 인생의 중요한 터닝 포인트였다고 하셨습니다. 특히 괌에서의 경험은 상상하기조차 힘든 시간이었을 것 같습니다. 하루에 한 시간 반만

자면서 여러 일을 병행하셨다고요."

제가 놀라움을 표하자, 그는 그 시절이 마치 자신의 근육을 단련하는 과정이었다는 듯 담담하게 고개를 끄덕였습니다.

"네. 제 인생에서 가장 힘들었지만, 동시에 가장 많은 것을 배운 의미 있는 시간이었습니다. 군대보다 더 힘들었으니까요. 새벽 4시에 일어나 김밥 공장에서 김밥을 받아다 슈퍼마켓에 배달하는 일로 하루를 시작했죠. 낮에는 뜨거운 땡볕 아래 리조트에서 160인분이 넘는 바비큐를 구웠고, 저녁에는 면세점이나 여행사에서 가이드로 일했습니다. 그렇게 3년을 살았더니 78kg이었던 몸무게가 64kg까지 빠져 있더군요."

"보통 사람이라면 육체적, 정신적으로 버티기 힘든 시간이었을 텐데, 어떻게 그 모든 것을 견뎌내셨습니까?"

"명확한 '목표'가 있었기 때문입니다."

괌에서의 혹독한 시련, '목표'라는 이름의 나침반

그는 한 치의 망설임도 없이 답했습니다.

"저는 그때 '호텔 경영'이라는 구체적인 목표가 있었습니다. 그 목표가 있었기에 게으름을 부릴 여유가 없었고, 고된 시간을 버텨낼 수 있었습니다. 이후 W 워커힐 호텔에 입사해 10여 년간 일하면서도 마찬가지였습니다. 괌에서의 시간과 호텔에서의 시간이 없었다면 지금의 저도 결코 없었을 겁니다."

그는 '목표'라는 단어에 유독 힘을 주어 말했습니다. 그리고 오늘날 청년들이 겪는 방황의 가장 큰 원인 역시 '목표의 부재'에 있다고 날카롭게 지적했습니다.

"저는 요즘 젊은 친구들을 보면 가장 안타까운 것이, 목표를 빨리 세우지 않는다는 점입니다. 그냥 '영어 공부를 해야지'라고 막연하게 생각하는 사람과 '내가 원하는 특정 회사에 입사하기 위해 영어를 공부해야지'라고 구체적으로 생각하는 사람은 완전히 다릅니다. '무엇을 위해(For what)?' 라는 근본적인 질문이 빠져 있는 노력은 방향을 잃고 표류하기 쉽습니다."

그의 지적은 정곡을 찔렀습니다. 우리는 종종 무엇을 위해 노력하는지도 모른 채, 그저 남들이 하니까, 불안하니까 스펙 쌓기에만 매몰되곤 합니다.

"게다가 세상은 우리가 생각하는 것보다 훨씬 빠르게 변하고 있습니다. 지금 젊은 친구들이 선망하는 직업들이 10년, 20년 후에도 과연 존재할까요? 모든 것이 기계화, 온라인화되는 시스템 속에서 살아남으려면, 미래 지향적인 산업을 내다보고 목표를 세워야 합니다. 그렇게 뚜렷한 목표를 세우고 가는 사람과, 그냥 막연히 '열심히'만 하는 사람은 10년 후에 완전히 다른 위치에 서게 될 겁니다. 목표를 세우고 그 길을 가다 보면, 예상치 못했던 또 다른 새로운 길이 나타나기도 합니다. 하지만 목표 없이 가는 사람에게는 그 어떤 길도 보이지 않습니다."

J 대표와의 대화는 마치 유능한 퍼스널 트레이너에게 받는 1:1 집중 트레이닝 같았습니다. 그의 이야기는 제 안일한 정신을 일깨우고, 삶의 목표를 재정비해야 한다는 강력한 동기를 부여했습니다. 그는 자신의 삶을 통해 증명해 보였습니다. 혹독한 시련도 뚜렷한 목표 앞에서는 성장의 밑거름이 될 뿐이며, 목표를 가진 자만이 변화의 파도 위에서 기회를 잡을 수 있다는 것을 깨닫게 해주었습니다.

목표의 열쇠

방향 없는 노력은 망망대해를 표류하는 배와 같습니다. 당신의 땀과 노력을 이끌어줄 미래지향적이고 구체적인 목표라는 등대를 세우십시오. 그 등대가 당신을 가장 올바른 길로 인도하며, 예상치 못한 새로운 길까지 비춰줄 것입니다.

12

독하게 몰입하는
시간의 마법

'세무법인'이라는 그 단어가 주는 무게감은 꽤 육중합니다. 왜냐하면 회색빛 도시에 자리한 고층 빌딩, 서류와 숫자로 둘러싸인 정적인 공간, 그리고 그 안에서 냉철한 이성으로 세상의 부를 재단하는 전문가의 모습이 연상되기 때문입니다. 그러한 통념을 안고 찾아간 K 수석 세무사가 소속된 세무법인의 첫인상은, 그래서 더욱 강렬한 파문으로 다가왔습니다. 문을 열고 들어선 공간은 저의 예상을 가볍게 배반했습니다. 사무실을 가득 채운 것은 딱딱한 침묵이 아닌, 젊고 역동적인 에너지였습니다. 마치 이제 막 항해를 시작하는 스타트업의 베이스캠프처럼, 그곳에는 미래를 향한 뜨거운 열정과 생기가 넘실거렸습니다.

그 활기찬 공간의 중심에 K 수석 세무사가 서 있었습니다. 가지런한 셔츠 차림에 언뜻 평범해 보였지만, 사람을 똑바로 응시하는 그의 눈빛에는 보통의 젊은이에게서 찾아보기 힘든 단단한 심지가 박혀 있었습니다. 정해진 궤도를 안전하게 따라가기보다, 미지의 황야에 스스로 깃발을 꽂는 개척자의 기상. 악수를 나누는 짧은 순간, 잘 벼려진 칼날 같은 예리함과 상대를 무장 해제시키는 부드러운 미소가 공존하는 그의 독특한 매력에 빠져들었습니다.

"멀리까지 찾아와 주셔서 감사합니다."

그의 목소리는 겸손했지만, 자신감이라는 투명한 막에 둘러싸여 있었습니다. 우리는 창밖으로 분주한 도시의 풍경이 내려다보이는 회의실에 자리를 잡고 앉았습니다. 저는 그의 남다른 행보에 대한 이야기부터 시작했습니다. 세무 업계의 전통적인 방식에서 벗어나, 기업과 기업을 잇는 B2B 모델에 집중하며 자신만의 길을 개척한 그의 선택이 궁금했습니다.

"처음에는 세무 업계의 이단아 취급을 받기도 했습니다."

그의 입가에 쓴웃음이 스쳤습니다.

"이익을 좇는다는 비난도, 기존 질서를 흔든다는 견제도 많았죠. 하지만 저는 확신이 있었습니다. 한 분 한 분의 고객을 만나는 것도 물론 소중한 일이지만, 하나의 기업에 소속된 수많은 구성원에게 체계적인 서비스를 제공하고, 기업 간의 시너지를 통해 더 큰 가치를 창출하는 것이 시대의 흐름이라고 믿었습니다."

A4용지 한 장의 기적, 독하게 몰입해 1년 6개월의 신화를 쓰다

그의 이야기는 세무사라는 직업의 정의를 새롭게 써 내려가고 있었습니다. 그는 단순히 세금 계산을 대행하는 기술자가 아니었습니다. 기업의 잠재력을 꿰뚫어 보고 성장을 돕는 컨설턴트이자, 막막한 현실 앞에 선 창업가들의 꿈을 함께 고민하는 동반자였습니다. 특히 아직 기반이 약한 스타트업들에는 회사의 상표권이나 특허, 해외 판로 개척에 대한 정보까지 아낌없이 나누며 조력자의 역할을 자처했습니다. 그의 모습에서 저는 기계가 결코 대체할 수 없는, 사람의 마음을 읽고 그들의 꿈에 공감하는 전문가의 미래를 보았습니다.

이토록 뜨거운 열정과 확신은 과연 어디에서 비롯된 것일까. 한 사람의 인생을 관통하는 철학은 어느 날 갑자기 생겨나는 것이 아닐 것입니다. 반드시 그 생각의 물길을 바꾼 결정적인 계기, 즉 '터닝 포인트'가 존재하기 마련입니다.

"세무사님의 삶을 송두리째 바꾼 터닝 포인트는 무엇이었습니까?"

제 질문에 그는 잠시 먼 곳을 바라보았습니다. 마치 과거의 어느 한 시절로 시간 여행을 떠난 듯한 아련한 눈빛이었습니다.

"제 인생의 터닝 포인트는 두 번 찾아왔습니다."

그는 천천히 입을 열었습니다.

"그중에서도 첫 번째는, 제 인생을 통째로 바꾸어 놓은 기적 같은 '두 시간'이었습니다."

그가 들려준 이야기는 한 편의 드라마 같았습니다. 20대 시절, 그는 아버지의 소개로 한 노련한 세무사를 만나게 되었습니다.

"자네는 어떤 일을 하고 싶은가?"라는 질문에, 그는 철없이 "겨울에는 따뜻하고 여름에는 시원한 곳에서 일하고 싶습니다."라고 대답했습니다.

어쩌면 그저 스쳐 지나갈 수도 있었던 그 만남이 그의 운명에 작은 불씨를 던졌습니다.

"정말 신기했던 것은, 그날 함께 만났던 B 대학교 출신의 젊은 세무사님이었습니다. 그분은 단 두 시간 동안, 저를 위해 자신만의 공부 비법을 아낌없이 전수해 주셨습니다."

그 젊은 세무사는 A4용지 한 장을 꺼내, 시험의 본실부터 시간 관리법, 핵심 요약 노하우까지 자신만의 전략을 빼곡하게 적어주었습니다. 그것은 단순한 지식 전달이 아니었습니다. 먼저 그 험난한 길을 걸어본 선배가, 이제 막막한 출발선에 선 후배에게 보내는 진심 어린 응원이자 따뜻한 연대의 손길이었습니다.

"만약 그 두 시간이 없었다면, 저는 아마 합격까지 3~4년은 족히 걸렸을 겁니다. 어쩌면 중도에 포기했을지도 모르죠. 하지만 저는 그 A4용지 한 장을 부적처럼 품에 안고 고시원에 들어가 독하게 공부했습니다. 그리고 마침내 1년 6개월 만에 합격 통지서를 손에 쥘 수 있었습니다. 제 인생에서 그 두 시간은, 수억 원의 가치와도 바꿀 수 없는 엄청난 선물이었습니다."

떨어지면 죽는다는 절박함, 한계를 뛰어넘는 시간의 마법

그의 눈시울이 살짝 붉어졌습니다. 저는 그 두 시간이 한 청년의 인생을 얼마나 극적으로 바꾸어 놓았는지, 그 선한 영향력의 무게에 가슴이 뭉클해졌습니다. 그는 그때 받은 도움을 잊지 않고, 이제는 자신이 다른 청년들에게 그런 존재가 되어주고자 했습니다. 특히 꿈과 현실 사이에서 방황하는 청년들을 만날 때면, 그는 누구보다 뜨거운 진심을 담아 이렇게 조언했습니다.

"저는 제가 좀 가난하게 자라서, 정신을 바짝 차리지 않으면 안 되는 순간들이 많았습니다." 그의 목소리에 힘이 실렸습니다.

"그래서 저는 무슨 일을 하든 '독하게' 합니다. 요즘 청년들에게도 꼭 이 말을 해주고 싶습니다. 당신 인생에서 가장 아름다운 20대, 그 시절에 딱 3년만 모든 것을 걸고 독하게 미쳐보라고 말입니다."

그가 말하는 '독함'은 맹목적인 집착이 아니었습니다. 그것은 떨어지면 가시밭길에 떨어져 죽는다는 절박한 심정으로, 자신의 한계를 시험하고 뛰어넘는 치열한 자기 극복의 과정이었습니다.

"무엇을 하고 싶은지 스스로에게 끊임없이 되물어야 합니다. 그저 안정적인 직장, 많은 월급만을 좇는 것은 자신의 꿈에 대한 비전이 없기 때문입니다. 가고 싶은 방향이 정해졌다면, 더 이상 고민하지 마십시오. 그 나무가 오를 수 있는 나무인지 아닌지는, 직접 올라가 봐야만 알 수 있습니다. 그렇게 독하게 칼을 물고 덤벼들면, 반드시 성과를 만들어 낼 수 있습니다."

K 수석 세무사와의 대화를 마치고 사무실을 나서는 길, 저는 그의 성공이 결코 우연의 산물이 아님을 깨달았습니다. 1년 6개월 만의 초고속 합격이라는 화려한 결과 뒤에는, 좁은 고시원 방에서 A4용지 한 장을 붙들고 자신을 극한으로 밀어붙였던 '독한 시간'이 있었습니다. 그리고 그 치열한 시간을 버티게 해준 것은, 언젠가 자신도 이름 모를 선배에게 받았던 것처럼, 다른 이들에게 따뜻한 등불이 되어주고 싶다는 선한 마음이었을 것입니다. 그는 세법 지식을 파는 세무사를 넘어, 인생을 살아갈 지혜와 용기를 나누는 진정한 멘토였습니다.

절박함의 열쇠

가고자 하는 길에 대한 확신이 섰다면, 모든 것을 걸고 독하게 도전하십시오. 떨어지면 죽는다는 절박함이 당신을 상상 이상의 놀라운 결과로 이끌 것입니다. 인생에서 가장 아름다운 시절, 온몸을 던져 미쳐보는 그 치열한 시간이 당신을 가장 빛나게 할 것입니다.

13

절망의 강을 건너자
나타난 기회의 대륙

　서울의 심장부, 유행이 파도처럼 밀려왔습니다. 사라지는 동대문 근처의 한 건물 그곳에 자리한 L 대표의 사무실은 그 자체로 거대한 패션의 용광로였습니다. 쉴 새 없이 울리는 전화벨 소리, 택배 상자를 나르는 분주한 발걸음, 그리고 수많은 옷 사이로 젊은 직원들이 뿜어내는 뜨거운 열기 등 이곳이 바로 온라인 쇼핑몰의 붉은 바닷속에서도 매년 가파른 성장을 기록하며 자신만의 항로를 개척한 L 대표의 심장부였습니다.

　잠시 후 사무실 안쪽에서 모습을 드러낸 L 대표를 만난 순간, 저는 그가 이 치열한 공간의 지휘자라는 사실을 믿기 어려웠습니다. 그의 모습에서는 패션업계 CEO에게 으레 기대하게 되는 화려함이나 과시적인 제스처를 찾아볼 수 없었기 때문입니다. 수수하지만 잘 벼려진 칼날 같은 단단한 인상, 차분하지만, 듣는 이를 집중시키는 힘 있는 목소리의 그에게서는 오랜 풍랑을 모두 이겨내고 이제는 자신만의 지도를 보며 고요한 바다를 항해하는 노련한 선장의 깊이가 느껴졌습니다.

　"어려운 걸음 해주셔서 감사합니다."

그의 안내를 받아 자리에 앉으며, 저는 그의 독특하고도 극적인 이력에 대한 궁금증부터 꺼내 들었습니다. 법조인이라는, 우리 사회에서 가장 안정적인 길로 꼽히는 고시생의 삶, 그 길을 걷던 그가 어떻게 이토록 변화무쌍하고 치열한 패션 시장의 한복판에 서게 된 것일지 궁금했습니다.

"인생이라는 항해가 늘 순풍 속에서만 이루어지지는 않더군요."

그는 담담하게 입을 열었습니다.

"사법 고시를 준비하던 중 집안의 지원이 끊기면서, 저는 망망대해에 홀로 남겨진 기분이었습니다. 그때 제 머릿속을 지배했던 생각은 단 하나였습니다. '무엇이든 팔아서, 내 힘으로 살아남아야 한다.' 그 절박함이 제 인생의 키를 완전히 다른 방향으로 돌려놓았습니다."

사법 고시의 실패, 절망의 강을 건너 '사업가'의 본능 발견

그의 목소리는 평온했지만, 그 안에 담긴 시간의 무게는 결코 가볍지 않았습니다. 찬란한 꿈이 좌절된 자리에서, 그는 주저앉아 슬퍼할 겨를조차 없었습니다. 자본금 한 푼 없이 그가 기댈 수 있는 것은 오직 인터넷이라는 작은 뗏목뿐이었습니다. 국비 지원 교육을 통해 웹디자인을 배우고, 네이버와 옥션에서 주최하는 무료 세미나를 찾아다니며 창업을 위한 지식을 스펀지처럼 빨아들였습니다.

"그렇게 처음으로 판매했던 아이템이 모피였습니다. 어둠 속에서 한 줄기 빛을 본 것처럼 기뻤죠. 하지만 계절이 지나자 더 이상 팔리지 않았고, 그때 깨달았습니다. 일시적인 성공이 아닌, 지속 가능한 생존을 위해서는 사계절 내내 수요가 있는 아이템을 찾아야 한다는 것을요. 그래서 여성 의류 시장에 뛰어들게 되었습니다."

그의 이야기는 마치 한 편의 치열한 생존기 같았습니다. 실패의 벼랑 끝에서, 그는 좌절하는 대신 살아남기 위해 필사적으로 자신만의 동아줄을 꼬아 올렸던 것입니다. 오픈마켓과 소셜커머스를 통해 시장의 흐름을 익혔고, 하루에 7~8천 건이 넘는 주문을 홀로 처리하며 실전 감각을 날카롭게 다듬었습니다. 그리고 마침내 그 모든 땀과 눈물의 경험을 자양분 삼아, 자신의 이름을 건 쇼핑몰이라는 씨앗을 심었습니다.

"그렇다면 대표님의 인생에서 가장 중요한 터닝 포인트는 언제였다고 생각하십니까?"

제 질문에 그는 한 치의 망설임도 없이 대답했습니다.

"인생의 터닝 포인트라면 역시 사법 고시에서 낙마한 후, 현실적으로 수익이 나는 일을 찾아야만 했던 바로 그 순간입니다."

그의 눈빛이 잠시 먼 곳을 향했습니다.

"당시 저는 서울이라는 낯선 도시에 홀로 던져져 있었습니다. 당장의 월세와 생활비를 해결해야 했죠. 그때 '어딘가에 취직해서 월급을 받자'가 아니라, '제 손으로 직접 무언가를 팔아보자'라고 결심했던 것, 그 생각이 제 인생의 새로운 출발점이자 가장 중요한 전환점이었습니다."

절망의 순간, 인생의 방향을 바꾸는 등대가 되다

그의 말에서 저는 거대한 역설을 발견했습니다. 때로는 인생의 가장 큰 실패와 절망의 순간이, 우리를 가장 올바른 길로 인도하는 등대가 될 수 있다는 것을…. 만약 그가 사법 고시에 합격했다면, 그는 안정된 법조인의 삶을 살았을 것입니다. 하지만 그는 실패했기에, 자신 안에 잠자고 있던 '사업가'로서의 야성을 발견하고 세상에 없던 자신만의 제국을 건설할 수 있었습니다. 그는 자신의 쓰라린 경험을 바탕으로, 안정을 갈망하며 움츠러든 이 시대의 청년들에게 진심 어린 조언을 건넸습니다.

"요즘 청년들이 3포세대라 불리며 안정된 길만 찾는 현실이 안타깝습니다."

그는 나지막이 말을 이어갔습니다.

"저 역시 '그냥 남들이 가니까, 해야만 하는 것'인 줄 알고 제 청춘의 중요한 시간을 보냈던 사람이기에, 그들에게 하루빨리 자신이 정말로 좋아하는 일에 온몸으로 부딪쳐보라고 말해주고 싶습니다."

하지만 그는 섣부른 도전을 경계했습니다. '돈 되는 사업'이라는 뜬구름 같은 말에 현혹되어 준비 없이 뛰어드는 것이 얼마나 위험한지, 실패의 고통을 누구보다 잘 알기 때문이었습니다.

"창업에서 실패하지 않으려면, 단순히 돈이 되는 사업을 찾는 것이 아니라 내가 진심으로 좋아하고 잘할 수 있는 일을 찾아야 합니다. 그리고 그 둘의 교집합이 되는 지점을 공략해야 성공 확률을 높일 수 있습니다. 단순히 이 프랜차이즈가 잘된다는 식의 안일한 접근은 반드시 실패로 이어집니다. 부디 미래에 대해 안정성에만 최고 가치를 두지 말고, 가슴 뛰는 도전 정신으로 정말 하고 싶은 것을 꼭 해보시길 바랍니다!"

L 대표와의 만남은 제게 '실패'의 의미를 다시금 생각하게 했습니다. 우리는 실패를 인생의 끝이라 여기며 두려워하지만, 그의 삶은 실패가 새로운 시작을 위한 가장 위대한 기회임을 온몸으로 증명하고 있었습니다. 사법고시의 실패는 그에게서 법복을 입을 기회를 앗아갔지만, 대신 수십억 매출을 일으키는 기업가라는 더 찬란한 왕관을 씌워주었습니다. 그의 이야기는 지금, 이 순간에도 실패의 강 앞에서 좌절하고 있는 모든 이들에게, 그 절망의 강을 건너면 당신이 상상하지 못했던 기회의 대륙이 펼쳐져 있을 것이라는 뜨거운 희망의 메시지를 전하고 있었습니다.

기회의 열쇠

인생의 가장 혹독한 실패와 절망의 순간은, 삶의 방향을 재설정할 가장 위대한 기회입니다. 실패를 두려워 말고, 당신이 진정으로 좋아하고 잘하는 일의 교집합을 찾아 온 힘을 쏟아부으십시오. 그 절망의 강 너머에, 당신이 상상하지 못했던 기회의 대륙이 펼쳐져 있을 것입니다.

14

나눔의 철학으로
빵을 굽는 장인

 향긋한 빵 내음만큼 사람의 마음을 부드럽게 무장 해제시키는 것이 또 있을까요. 경기도 고양시의 한적한 동네에 자리한 M 대표의 베이커리 문을 열고 들어서는 순간, 고소한 버터와 갓 구운 빵, 달콤한 설탕이 어우러진 따스한 공기가 부드럽게 저를 감싸안았습니다. 진열대를 가득 채운 각양각색의 빵들은 단순한 먹거리가 아니었습니다. 그것은 지난 20년간 한자리를 묵묵히 지켜온 한 장인의 시간과 땀, 그리고 철학이 고스란히 녹아 있는 하나의 예술 작품처럼 경이롭게 다가왔습니다.

 잠시 후, 밀가루가 희끗하게 묻은 앞치마를 두른 채 주방에서 나온 M 대표를 보자 그의 모습에서 저는 오랜 세월 우직하게 자신만의 길을 걸어온 사람 특유의 단단한 내공을 느낄 수 있었습니다. 그는 한국 제빵업계의 전설이라고 하는 모 제과 창업주 회장의 외손자라는 화려한 배경을 가졌지만, 그의 투박한 손과 깊게 팬 눈가의 주름은 그 배경에 안주하지 않고 자신만의 역사를 써 내려온 치열한 시간을 짐작하게 했습니다.
 "어서 오십시오. 이런 누추한 곳까지 오시느라 고생 많으셨습니다."

그의 털털한 인사말처럼, 우리는 격식 없이 바로 그의 빵 이야기, 그리고 인생 이야기 속으로 깊이 들어갔습니다. 놀랍게도 그는 처음부터 제빵사의 길을 걸었던 것이 아니었습니다. 대학에서 체육을 전공하고 장교로 군 복무를 마친 뒤, 평범한 회사원으로 살아가던 직장인이었습니다.

"아무리 노력해도 그만큼 정당한 평가를 받지 못하는 조직 생활에 깊은 회의를 느꼈습니다."

돈을 좇던 제빵사, 나눔의 철학으로 인생의 길을 굽다

그의 목소리에는 지난날의 고민이 묻어났습니다.

"그때 우여곡절 끝에 미국에 계신 삼촌 밑에서 바닥부터 제빵 일을 배우기 시작했습니다. 남들보다 훨씬 늦게 시작한 만큼, 몇 배는 더 절실하고 치열하게 매달릴 수밖에 없었습니다."

그의 성공 비결은 바로 그 '끊임없는 공부'에 있었습니다. 그는 지금도 제빵업계에서 알아주는 베테랑으로 통하지만, 여전히 "하고 싶었던 것의 반도 아직 못했다"라고 말하며 배움을 게을리하지 않는다고 말했습니다. 꾸준히 해외를 오가며 최신 업계 흐름을 파악하고, 직원들에게도 아낌없이 배움의 기회를 제공하는 것 또한 그의 중요한 역할이라고 말했습니다.

"우리나라 제빵업계가 너무 공부를 안 하는 것 같아 안타까울 때가 많습니다."

그의 쓴소리에는 업계에 대한 깊은 애정과 책임감이 담겨 있었습니다.

"60년 된 곰보빵, 70년 된 단팥빵도 물론 맛있고 소중한 우리의 유산입니다. 하지만 옛 방식에만 머무르지 않고, 그것을 자기만의 것으로 새롭게 발전시키려는 장인정신이 필요합니다."

그의 확고한 철학은 '좋은 재료에 대한 타협 없는 고집'으로 이어지고 있습니다. M 대표의 베이커리는 덤으로 빵을 주지 않는 것으로 유명합니다. '많이 샀으니 하나 더 달라'는 고객의 요청이 야속하게 느껴질 법도 하지만, 그는 좋은 재료를 쓰는 원칙을 지키기 위해 최선을 다해 고객을 설득합니다. 이런 고집 때문에 '배짱 장사한다'라는 오해도 많이 받았지만, 그는 묵묵히 자신의 길을 걸어왔습니다.

저는 그의 인생을 바꾼 결정적인 터닝 포인트에 대해 물었습니다. 그는 자신의 인생에 두 번의 중요한 전환점이 있었다고 고백했습니다.

"첫 번째 터닝 포인트는 안정적인 직장 생활을 그만두고 이 빵 업계로 뛰어든 것, 그 용감한 선택 자체입니다."

그는 잠시 숨을 고른 뒤, 자신의 내면을 완전히 바꾸어 놓은 두 번째 전환점에 대해 이야기했습니다.

"하지만 제 마음가짐을 송두리째 바꾼 진짜 터닝 포인트는, 2005년에 겪었던 아주 큰 어려움이었습니다."

자세한 내막을 밝히지는 않았지만, 그는 그 시기를 기점으로 인생을 대하는 태도가 완전히 바뀌었다고 했습니다.

"그전까지 저는 오직 돈을 벌기 위해서 빵을 만들었습니다. 돈만 있으면 모든 것이 해결될 거라 믿었죠. 그런데 그 혹독한 시련을 겪으면서 깨달았습니다. 내가 가진 것을 다른 이들과 나누지 않으면, 나에게 돌아오는 것은 지극히 한정적이라는 진리를요. 그때부터 제가 가진 기술과 지식을, 그리고 아주 작은 것이라도 나누고 베풀어야겠다고 굳게 다짐했습니다."

그의 나눔은 시혜적인 동정이 아니었습니다. 그것은 그가 가진 모든 것을 온전하게 나누는 '공유의 철학'이었습니다. 그리고 놀랍게도, 그 나눔은 더 많은 기회를 그에게 선물했고, 사람들을 자석처럼 그에게로 이끌었습니다.

"10원이 있으면 5원을 나누고, 100만 원이 있으면 50만 원을 나누면 됩니다. 무리하지 않는 선에서 제가 가진 것을 나누다 보면, 정말 신기하게도 더 많은 길이 열리고 더 좋은 사람들이 저를 찾아옵니다. 그때 나를 스쳐 가는 모든 인연을 진심으로 소중히 대하면, 아주 큰 선물들이 제게 돌아온다는 것을 온몸으로 깨달았습니다."

머뭇거리는 고민은 그만, 행동하는 자만이 기회를 잡는다

그는 자신의 값진 경험을 바탕으로, 무엇을 해야 할지 몰라 망설이는 청년들에게 뼈아프지만, 현실적인 조언을 건넸습니다.

"저는 젊은 친구들에게 뭐든지 그냥 '시작하라'라고 말하고 싶습니다. 요즘 청년들은 너무 자기에게 맞는 것, 편한 것만 찾으려고 합니다. 하지만 해보지도 않고 어떻게 그것이 저에게 맞는지, 안 맞는지 알 수 있겠습니까? 머릿속으로 백번 생각하는 것보다, 일단 한번 부딪쳐보는 과정에서 진짜 자기 자신을 찾을 수 있습니다."

그는 시작의 중요성을 거듭 강조했습니다. 시작을 해야만 기회가 찾아오고, 그 기회가 또 다른 기회를 낳는 선순환이 일어난다는 것입니다.

"시작조차 하지 않고 가만히 앉아 있는 사람은 행운이 찾아와도 그것이 행운인지조차 모릅니다. 하지만 일단 닥치는 대로 해보는 사람에게는 정말 많은 기회가 찾아옵니다. 3년 안에 그만둘 생각이라면 아예 시작도 하지 마십시오. 하지만 한번 시작했다면, 1년은 죽었다고 생각하고 최선을 다해야 합니다. 그러면 분명히 길이 보일 겁니다."

M 대표는 더 이상 빵을 만드는 기술자가 아니었습니다. 그는 빵을 통해 인생의 철학을 이야기하고, 나눔의 미학을 실천하는 진정한 장인이자

철학자였습니다. 그가 정성껏 구워낸 빵 하나하나에는 좋은 재료에 대한 고집, 배움에 대한 끝없는 열정, 그리고 세상을 향한 따뜻한 나눔의 마음이 고스란히 담겨 있었습니다. 그의 이야기는 제게 진정한 성공이란 단순히 부와 명성을 쌓는 것이 아니라, 자신의 일에 대한 확고한 철학을 가지고 그것을 통해 세상과 소통하며 선한 영향력을 퍼뜨리는 것임을 가르쳐 주었습니다.

행동의 열쇠

머릿속으로만 완벽한 계획을 세우며 고민하지 말고, 지금 당장 무엇이든 시작하십시오. 일단 부딪쳐보는 행동하는 사람만이 기회를 잡을 수 있고, 그 기회를 통해 성장하며 진짜 자신을 발견하게 될 것입니다. 시작조차 하지 않으면, 눈앞에 찾아온 행운조차 알아볼 수 없다는 사실을 기억하십시오.

15

새장 밖으로 나온
새의 노래

우리는 종종 인생의 거친 풍랑이 닥쳐왔을 때 비로소 삶의 전환점을 맞이한다고 믿고 있습니다. 더 이상 물러설 곳 없는 벼랑 끝에서야 새로운 길을 찾아 나선다는 통념입니다. 하지만 N 대표와의 만남은, 그 견고한 통념을 유쾌하게 깨뜨리는 신선한 충격이었습니다. 그는 인생의 가장 큰 위기가 아닌, 역설적으로 가장 안정적인 순간에 자신의 '터닝 포인트'를 발견했다고 고백했습니다.

그와의 약속 장소는 번잡한 도심을 살짝 벗어난, 고즈넉한 분위기의 한 카페였습니다. 약속 시간보다 먼저 도착해 창밖의 풍경을 물끄러미 바라보고 있던 그의 모습은 그 자체로 평온하고 안정되어 보였습니다. 하지만 그의 고요한 눈빛 속에는 현실에 안주하지 않는 예리한 통찰력과, 세상을 다른 관점으로 바라보는 철학자의 깊이가 함께 담겨 있었습니다.
"찾아주셔서 감사합니다. 제가 조금 일찍 도착했네요."
그의 차분한 목소리는 주변의 소음을 잠재우고 사람을 이야기에 집중시키는 특별한 힘이 있었습니다. 우리는 따뜻한 차 한 잔을 앞에 두고, 그의 조금은 특별하고도 철학적인 터닝 포인트에 대한 이야기를 시작했습니다.

"대부분의 사람은 인생의 위기가 찾아왔을 때 터닝 포인트를 찾는다고들 하죠. 하지만 저는 정반대였습니다. 제 인생에서 가장 안정적인 월급쟁이 생활을 하던 바로 그때, 제 삶의 방향을 180도 바꾸는 운명적인 계기를 만났습니다."

그는 모두가 선망하는 안정된 직장에서, 약속된 미래를 향해 매일 똑같은 일상을 반복하며 살았다고 했습니다. 하지만 그 견고한 안정감은 어느 순간부터 참을 수 없는 권태로 다가왔습니다. 그의 내면에서는 '과연 이렇게 안일하게, 예측 가능한 삶을 사는 것이 괜찮은가?'라는 근원적인 질문이 싹트기 시작했습니다. 그는 아주 흥미롭고도 강렬한 비유를 들려주었습니다. 바로 '새장 안의 새'와 '새장 밖의 새' 이야기였습니다.

"새장 안에 갇힌 새를 생각해 보십시오. 그 새는 보장된 먹이와 안전한 잠자리를 얻는 대신, 가장 소중한 것, 바로 자유를 잃습니다. 반면 새장 밖으로 나온 새는 생존을 위해 매일 치열하게 먹이를 찾아다녀야 하고, 때로는 무서운 천적의 위협을 받기도 합니다. 하지만 자신이 원하는 방향으로 마음껏 날갯짓하며 드넓은 창공을 누릴 수 있는 절대적인 자유를 얻게 되죠."

그에게 안정된 직장 생활은 안락하지만, 영혼이 질식할 것 같은 '황금 새장'이었습니다. 그는 보장된 먹이를 과감히 포기하는 대신, 비바람이 몰아칠지언정 드넓은 창공을 향해 날아오를 수 있는 '자유'를 선택했습니다.

"회사를 그만두고 제 사업을 구상하고 준비하면서, 저는 비로소 제가 제 삶의 진짜 주인이 되었다는 해방감을 느꼈습니다. 더 이상 남의 생각과 계획에 의해 수동적으로 움직이는 삶이 아니라, 제가 꿈꾸는 것들을 제 손으로 직접 실현해 나갈 수 있다는 기쁨에, 몸이 고된 줄도 모르고 살았던 것 같습니다."

실패는 '게임 오버'가 아닌, 다음 판을 위한 귀중한 경험치

그의 이야기는 제 가슴에 깊은 울림을 남겼습니다. 우리는 얼마나 자주 '안정'이라는 이름의 화려한 새장에 자신을 가두고 살아가는가. 실패에 대한 두려움 때문에, 더 넓은 세상으로 날아갈 용기를 잃어버린 채, 그저 주어지는 먹이에 만족하며 살고 있지는 않은가. 그는 그런 우리에게 '새장 안의 새가 될지, 새장 밖의 새가 될지는 결국 당신 스스로 결정하는 것'이라고 묵직한 화두를 던지고 있었습니다.

그렇다면, 두려움을 무릅쓰고 새장 밖으로 나온 용감한 새들에게 가장 필요한 날갯짓은 무엇일까? 그는 주저 없이 '실패에 대한 대담함'을 강조했습니다.

"저는 창업에 뛰어드는 젊은이들에게 실패하지 말라고 격려하고 싶지 않습니다. 물론 한 번에 성공하면 더할 나위 없이 좋겠지만, 세상에 그런 동화 같은 일은 거의 없습니다. 우리가 존경하는 대부분의 위대한 성공은, 수많은 실패의 시체를 양분으로 삼아 피어난 꽃입니다."

그는 우리 사회가 실패에 너그럽지 않고, 한번 넘어진 사람에게 다시 일어설 기회를 주는 것에 인색한 현실을 누구보다 안타까워했습니다. 그렇기 때문에 우리는 더욱 성공에 집착하게 되고, 실패를 괴물처럼 두려워하게 된다는 것입니다.

"그래서 저는 젊은이들에게, 사업에 실패하지 않는 교과서적인 방법을 배우기보다, 설령 실패하더라도 그것을 딛고 당당하게 다시 일어설 수 있는 '용기'를 먼저 준비하라고 말해주고 싶습니다. 실패하지 않아야 한다는 강박을 버리는 순간, 우리는 비로소 더 자유롭고 대담해질 수 있습니다."

그에게 실패는 끝이 아니었습니다. 그것은 다음 단계로 나아가기 위한 귀중한 '경험치'이자, 더 높이 뛰어오르기 위한 단단한 '발판'이었습니다.

"실패를 그저 실패 그 자체로만 받아들이는 사람에게는 '게임 오버'라는 절망적인 메시지만 남습니다. 하지만 그 실패를 온전히 자신의 경험치로 환산하여 발판으로 쌓아가는 사람에게는, 언제나 흥미진진한 '다음 게임'이 남아 있습니다."

N 대표와의 대화는 제 삶을 근본적으로 돌아보게 만드는 깊은 성찰의 시간이었습니다. 나는 지금 안락한 황금 새장 안에서 만족하며 살고 있는가, 아니면 거친 비바람을 온몸으로 맞더라도 자유롭게 나만의 하늘을 날고 있는가, 하는 시간 말입니다. 그의 이야기는 지금의 안정적인 삶에 권태를 느끼면서도, 선뜻 새장 문을 열 용기를 내지 못하는 모든 이들에게 조용하지만 강력한 메시지를 던지고 있었습니다. 당신의 진짜 삶은 새장 밖에 있으며, 실패를 두려워하지 않는 대담한 용기만 있다면, 우리는 언제든 그 문을 활짝 열고 새로운 세상으로 날아오를 수 있다고 말입니다.

용기의 열쇠

실패를 '게임 오버'로 여기지 말고, 다음 단계로 나아가기 위한 귀중한 경험치로 삼으십시오. 실패를 딛고 다시 일어설 용기를 가질 때, 당신의 진짜 인생이라는 게임은 비로소 시작됩니다. 안락한 새장 문을 열고 나올 용기를 낼 때, 비로소 낭신만의 드넓은 창공을 자유롭게 날 수 있습니다.

16

나는 패션을
고깃집에서 배웠다

  O 대표는 '엄마들의 패스트 패션'이라는 독보적인 영역을 개척하며 많은 직원을 둔 기업을 성장시킨 입지전적인 CEO로 알려져 있습니다. O 대표를 만나기 전, 저는 그녀에게서 얼음처럼 차가운 카리스마와 한 치의 오차도 용납하지 않는 완벽주의자의 모습을 상상했습니다. 하지만 O 대표의 화려한 쇼룸에서 직접 마주한 그녀는, 저의 섣부른 예상을 기분 좋게 뛰어넘는 사람이었습니다.

  우아함과 강인함, 그리고 상대를 편안하게 만드는 따뜻한 인간미를 동시에 갖춘 그녀는, 마치 잘 만들어진 한 벌의 옷처럼 다채롭고 깊이 있는 매력을 지닌 사람이었습니다.
  "반갑습니다. 여기까지 오시느라 힘드셨죠?"
  그녀의 환한 미소는 쇼룸의 조명보다 더 공간을 환하게 밝혀주는 것 같았습니다. 저는 그녀가 직접 디자인한 감각적인 옷들에 둘러싸여, 그녀의 파란만장했던 사업 이야기에 귀를 기울였습니다. 그녀는 '자라'와 '유니클로'가 양분하던 패션 시장에서, 아무도 주목하지 않았던 '중년 여성'이라는 틈새시장을 발견한 비범한 전략가였습니다.

"거인과 정면으로 싸워서 이길 수 없다면, 현실적으로 그들을 비켜나가야 한다고 생각했습니다."

그녀의 목소리는 부드러웠지만 그 안에 담긴 전략은 날카로웠습니다.

"사람들은 패션 시장에 더 이상 블루오션은 없다고 체념하지만, 제 눈에는 아직도 몇 군데의 푸른 바다가 보입니다."

모두가 레드오션의 치킨 게임에 빠져 있을 때, 그녀는 아무도 가지 않은 길, '블루오션'을 향해 과감히 돛을 올렸습니다. 하지만 그 길은 결코 꽃길이 아니었습니다. 그녀는 블루오션과 두려움의 관계를 이렇게 설명했습니다.

"저는 블루오션과 두려움이 숟가락과 젓가락 같은 사이라고 생각합니다. 블루오션은 언제나 엄청난 두려움과 함께 찾아옵니다. 내 목숨을 내놓아야 할지도 모른다는 정도의 절박한 불안감이 아니라면, 진짜 블루오션을 발견하기란 어려울 겁니다."

그녀의 말에는 뼛속 깊은 경험에서 우러나온 진실의 무게가 실려 있었습니다. 사실 지금의 P 대표가 운영하는 회사는 그녀의 세 번째 사업이었습니다. 그녀는 앞서 패션 사업과 요식업에서 두 번의 쓰라린 실패를 온몸으로 겪었습니다.

망해버린 고깃집, 그 잿더미에서 사업의 본질을 배우다

저는 조심스럽게 그녀의 인생에서 가장 중요한 터닝 포인트가 무엇이었는지 물었습니다.

"제 인생의 가장 큰 터닝 포인트는, 두말할 것 없이 '△△가든'이라는 고깃집이 처참하게 망했을 때입니다."

 최고의 패션 디자이너가 고깃집이라니, 전혀 어울리지 않는 조합에 고개가 갸웃거려졌습니다. 하지만 그녀는 단호한 목소리로 말을 이어 나갔습니다.

 "저는 지금의 패션 사업을, 바로 그 망해버린 고깃집에서 배웠습니다."

 한때 그녀는 잘나가던 수입 패션 브랜드의 MD 팀장이었습니다. 자신의 성공 경험을 믿고 야심 차게 대형 고깃집을 열었지만, 결과는 처참한 실패였습니다.

 "지금 돌이켜보면 당연한 결과였습니다. 망할 수밖에 없는 매뉴얼과 시스템이었거든요. 하지만 그 뼈아픈 실패는 제게 사업의 본질이란 무엇인지 제대로 가르쳐준, 세상에서 가장 비싼 수업이었습니다. 파는 아이템이 옷이든 고기든, 직원 관리부터 회계, 영업, 재고 관리까지, 사업의 근본 원리는 똑같다는 것을 그때 피눈물을 흘리며 깨달았습니다."

 그녀에게 실패는 단순한 좌절과 낙인이 아니었습니다. 그것은 사업의 본질을 꿰뚫어 볼 수 있게 해준 지혜의 원천이자, 더 큰 성공을 위한 가장 단단한 주춧돌이었습니다. 고깃집의 실패가 없었다면, 지금의 회사도 결코 없었을 것이라고 그녀는 확신했습니다. 그녀는 자신의 값진 경험을 바탕으로, 이제 막 사회에 첫발을 내딛는 청년들에게 특별하고도 현실적인 조언을 건넸습니다.

 "어떤 일을 하든, 그 일이 세상에서 가장 중요한 일이라고 생각하며 온 마음과 열정을 쏟아부어야 합니다. 예전에 어느 유명한 요식업 대표님이 식당에서 6개월 동안 오직 손님들의 신발 정리만 했다는 이야기를 들은 적이 있습니다."

 그 요식업 대표인 청년은 불평 한마디 없이, 묵묵히 그리고 누구보다 열심히 신발을 정리했습니다. 그의 비범한 성실함을 눈여겨본 사장은 그에게 조금씩 더 중요한 일을 맡기기 시작했고, 그는 결국 모두가 우러러보는 최고의 자리에 오를 수 있었습니다.

돈을 좇지 말고 '열정'을 좇아라, '돈은 스스로 당신을 찾아온다'

"만약 제가 온라인 쇼핑몰에서 배송 상자를 포장하는 일을 한다면, '이 상자를 받아볼 고객'을 생각하며 누구보다 깔끔하고 튼튼하게, 감동을 줄 수 있도록 포장할 겁니다. 그렇게 내가 하는 일에서 최고가 되겠다는 마음으로 열정을 쏟아붓다 보면, 주변에서 먼저 그 가치를 알아보고 인정해 줍니다. 그러면 더 좋은 기회가 찾아오기 마련입니다."

그녀는 돈을 좇지 말고, 자신이 잘하고 좋아하는 일에 먼저 미치라고 힘주어 말했습니다.

"돈은 너무나 똑똑해서 아무에게나 가지 않습니다. 내가 좋아하는 일에 푹 빠져 열정을 쏟아붓다 보면 자연스럽게 실력이 쌓이고, 주변의 인정을 받게 됩니다. 그러면 돈은 자연스럽게 따라오게 되어 있습니다. 돈은 제 갈 길을 정확히 알고 찾아가는 영리한 아이와 같습니다."

O 대표는 실패라는 거친 진흙 속에서 스스로 빛나는 진주를 캐낸 위대한 장인이었습니다. 고깃집의 실패는 그녀에게서 막대한 돈을 앗아갔지만, 대신 돈으로는 결코 살 수 없는 사업의 본질을 꿰뚫는 지혜와 어떤 시련에도 꺾이지 않는 단단한 내면을 선물했습니다. 그녀의 이야기는 우리에게 '실패'라는 경험이 얼마나 위대한 스승이 될 수 있는지를, 그리고 어떤 자리에서 무슨 일을 하든 온 마음을 다하는 뜨거운 열정이 결국 우리를 가장 빛나는 곳으로 이끌 것임을, 그녀 자신의 삶으로 생생하게 증명

하고 있었습니다.

열정의 열쇠

당신이 하는 일이 무엇이든, 세상에서 가장 중요한 일이라 믿고 모든 열정을 쏟아부으십시오. 돈은 당신의 열정과 실력을 알아보고 스스로 당신을 찾아올 것입니다. 그리고 기억하십시오, 실패는 당신을 더 강하게 만들어 줄 세상에서 가장 위대한 스승입니다.

17

실패는
'겸손을 가르치는 스승'

　서울의 심장부는 '강남'이라는 말이 있습니다. 속도와 성공, 욕망의 파편들이 네온사인처럼 번쩍이는 이 거대한 도시의 한복판에서, 저는 시간의 흐름을 역행하는 듯한 기묘한 공간과 마주했습니다. 빽빽하게 솟아오른 빌딩 숲 사이, 마치 섬처럼 자리한 'B 한의원'이라는 소박한 간판이 눈에 들어왔습니다.
　자동문이 스르륵 열리자, 도시의 소음과 분주함은 거짓말처럼 차단되었고, 코끝을 부드럽게 감싸는 은은한 약재 향이 저를 다른 차원의 세계로 이끄는 듯했습니다. 그리고 그 고요함의 중심에서, 온화한 미소와 세월의 깊이가 담긴 눈빛을 가진 P 원장을 만났습니다.

　사람들은 그를 '강남의 성공한 한의사'라는 화려한 수식어로 불렀지만, 제 눈앞의 그는 숱한 전투에서 살아남아 상처마저 자신의 일부로 만들어버린 노련한 장수처럼 보였습니다. 그의 평온함은 타고난 것이 아니라, 수많은 풍파를 겪어낸 끝에 얻어진 단단한 내공의 산물임을 직감할 수 있었습니다.

"원장님, 이 치열한 강남 한복판에서 10년이 넘는 세월 동안 굳건히 자리를 지키고 계십니다. 많은 이들이 그 성공의 비결을 궁금해합니다. 그 특별한 힘은 어디에서 나오는 것입니까?"

정중하게 질문을 건네자, 그는 잠시 창밖의 분주한 거리를 말없이 바라보았습니다. 그의 시선은 아득한 과거의 어느 한 지점을 더듬는 듯했습니다. 이윽고 그는 옅은 미소를 머금으며 입을 열었습니다.

"성공이라… 글쎄요. 사람들은 늘 지금의 결과만을 보고 쉽게 이야기하지만, 저에게는 그 성공이라는 단어보다 훨씬 더 선명하게 새겨진 기억이 있습니다. 너무나도 아프고 처절했던 실패의 기억 말입니다. 어쩌면 그 실패야말로, 지금의 저를 만든 가장 크고 단단한 주춧돌이었을지도 모릅니다."

오만함이 낳은 처절한 실패, '겸손'이라는 위대함을 깨달아

그의 이야기는 꿈과 자신감으로 세상을 다 가질 수 있을 것만 같았던 1996년의 봄으로 거슬러 올라갔습니다.

"구리 교문동, 그곳에 제 인생 처음 한의원을 열었습니다. 왕복 8차선 도로가 시원하게 뻗어있는 큰 사거리였고, 오가는 차량과 사람들로 늘 붐볐죠. 주변에 이렇다 할 경쟁 한의원도 거의 없었으니, 젊은 제 눈에는 그곳이 완벽한 성공의 땅처럼 보였습니다. '이건 무조건 된다'라고 확신했습니다. 지금 생각하면 젊음의 객기였는지, 아니면 세상 물정을 몰랐던 무지였는지, 저는 모든 것이 제 뜻대로 될 것이라 믿어 의심치 않았습니다."

하지만 현실의 신은 그의 오만한 믿음을 비웃기라도 하듯, 냉혹한 채찍을 휘둘렀습니다. 그의 완벽한 계획은 사실 모래 위에 지은 성과 같았습니다.

"개원하고 보니, 그 많던 사람들은 그저 바람처럼 스쳐 지나가는 인구일 뿐이었습니다. 병원 주변은 공동묘지와 공업사, 그리고 거대한 대학병원이 철옹성처럼 버티고 있었죠. 환자들이 잠시 머물며 편안하게 진료를 받을 만한 '배후 세대'가 없었던 겁니다. 하루 종일 거리는 붐볐지만, 제 한의원의 문턱은 닳을 일이 없었습니다. 환자들의 발길은 뜸했고, 수익은커녕 매달 수백만 원의 임대료와 관리비를 감당하는 것조차 버거웠습니다."

결국 그의 첫 도전은 6개월 만에 처참한 실패로 막을 내렸습니다. 계약 기간도 채우지 못한 채, 그는 야반도주하듯 그곳을 빠져나와야 했습니다. 희망은 잿빛 절망으로, 하늘을 찌를 듯했던 자신감은 깊은 무력감으로 변했습니다. 더 이상 투자할 돈도, 다시 일어설 용기도 남아 있지 않았습니다. 그는 인부들을 불러 떼어낼 수 있는 병원 문짝과 인테리어 자재까지 트럭에 싣고, 더 깊은 시골인 남양주로 향했습니다. 그것은 명백한 후퇴이자, 비참한 도망이었습니다.

"제 인생에서 가장 춥고 어두웠던 시기였습니다. 모든 것이 끝났다고 생각했죠. 하지만 아이러니하게도, 그 가장 밑바닥에서 저는 제 인생의 '터닝 포인트'를 만났습니다. 모든 것을 잃고 나니 비로소 보이는 것들이 있더군요. '나는 왜 실패했는가?' 그 질문을 스스로에게 던지며, 실패의 원인을 외부가 아닌 오만했던 저 자신에게서 찾기 시작했습니다. 밤을 새워 복기하고, 쓰고, 분석했습니다."

그는 실패의 원인을 철저히 해부했습니다.

"완벽한 오판이었습니다. 입지나 유효 세대 같은 가장 기본적인 시장조사도 없이, 그저 '잘될 거야'라는 근거 없는 믿음만 가졌으니, 얼마나 겸손하지 못했습니까. 환자를 맞이할 의료 서비스에 대한 깊은 고민과 준비도 턱없이 부족했고요. 당연히 외면받을 수밖에 없었던 겁니다. 이후로는 철저하게 자세를 낮추었습니다. 사람들에게 묻고 또 물었습니다. 자문을 구하고, 조언을 들으며 어떻게 해야 병원이 성공할 수 있는지 치열하게 고민했습니다. 그 뼈아픈 준비의 시간이 지금의 B 한의원을 만든 진짜 계기가 되었다고 생각합니다."

실패라는 값비싼 수업료를 치른 그는 남양주에서 다시 일어섰습니다. 구리에서의 경험을 쓰라린 교훈으로 삼아 철저히 준비한 한의원은 문을 열자마자 환자들로 인산인해를 이루었습니다. 그의 진심 어린 진료와 차별화된 치료법은 입소문을 타고 빠르게 퍼져나갔고, 5년 만에 남양주에서 가장 유명한 한의원 중 하나로 우뚝 섰습니다. 놀랍게도 서울에 있는 대형 병원 간호사들과 교사, 공무원들이 수백 명씩 소문을 듣고 그를 찾아오기 시작했습니다.

"그때 비로소 '이제 서울에 가도 되겠다'라는 자신감이 생겼습니다. 단순한 객기가 아닌, 실력과 경험으로 다져진 진짜 자신감이었죠. 2012년, 그렇게 다시 강남으로 돌아오게 된 겁니다. 실패했던 바로 그곳으로요."

미래는 준비하는 자의 몫, 끈기로 다시 일어서는 법

이야기를 마친 그의 얼굴에는 실패의 상처가 아닌, 그것을 온전히 끌어안고 자신의 역사로 만들어낸 자의 단단한 평온함이 깃들어 있었습니다. 저는 문득, 이 시대의 방황하는 청춘들에게 그가 건네고 싶은 말이 무엇일지 궁금해졌습니다.

"원장님의 경험은 지금 힘든 시기를 보내는 청년들에게 큰 울림을 줄 것 같습니다. 그들에게 꼭 해주고 싶은 말씀이 있다면요?"

그는 잠시 생각에 잠겼다가, 따뜻하지만, 강한 힘이 느껴지는 목소리로 말했습니다.

"요즘 청년들이 마주한 현실이 너무나 차갑고 힘들다는 것을 잘 압니다. 흙수저, 금수저를 넘어 다이아몬드 수저까지 등장할 정도로 출발선이 다른 것이 현실이니까요. 하지만 저는 이것 하나만은 꼭 이야기해 주고 싶습니다. 미래는 반드시 준비하는 사람의 몫이라는 것을요."

그의 눈빛이 형형하게 빛났습니다.

"미래에 대한 충분한 준비와 노력을 하지 않으면, 지금 있는 위치보다 더 못한 상태로 내려갈 수밖에 없습니다. 안주하는 순간, 뒤처지는 것이죠. 만약 돈이 목표라면 돈을 벌기 위한 치열한 준비를, 명예가 목표라면 명예를 얻기 위한 부단한 노력을 해야 합니다. 자신이 진정으로 원하는 것이 무엇인지 파악하고, 그것을 위해 끊임없이 대비하고 준비한다면, 어느 순간 반드시 그에 걸맞은 길이 열리고 합당한 대가도 따라올 것이라 굳게 믿습니다."

P 원장과의 만남은 성공과 실패의 이분법적인 사고를 완전히 깨뜨려주었습니다. 그의 인생은 실패가 끝이 아니라, 더 높이 비상하기 위해 반드시 거쳐야 하는 필수적인 과정이자, 오만한 자신을 깨뜨리고 겸손과 지혜를 가르치는 가장 위대한 스승임을 증명하고 있었습니다.

끈기의 열쇠

성공과 실패의 차이는 재능이 아니라, 실패 앞에서 좌절하지 않고 다시 일어서는 '끈기'에 있습니다. 실패의 원인을 외부가 아닌 자신에게서 찾으며 겸손을 배울 때, 비로소 진짜 성장이 시작됩니다. 미래는 끈기 있게 준비하는 자의 몫이라는 것을 굳게 믿고, 묵묵히 당신의 길을 걸어가십시오.

18

인고의 시간이 빚어낸
성공의 미학

   Q 전 대표와의 만남은 잘 숙성된 한 잔의 차처럼 부드러우면서도 깊은 여운을 남겼습니다. 금융계에서 오랜 시간 굵직한 족적을 남겨온 거물에게 '인생의 터닝 포인트'라는 거창한 질문을 던졌을 때, 그는 의외로 화려한 성공담이 아닌, 풋내기 사회 초년생 시절의 소박한 고민과 깨달음을 꺼내놓았습니다.

   "터닝 포인트라… 제 경우는 다른 분들처럼 드라마틱한 사건은 아니었던 것 같습니다. 오히려 아주 사소하게 여겼던 경험, 그리고 인생 선배의 따뜻한 조언 한마디가 제 긴 직장 생활의 방향을 올곧게 잡아주었죠."

   그의 이야기는 대한민국이 고도성장을 향해 달려가던 시절, 명문대를 졸업하고 선망받던 은행에 입사해 자부심과 포부로 가득 찼던 20대 청년의 모습으로 돌아갔습니다.

   "나름대로 원대한 꿈을 안고 입사했는데, 제가 막상 하는 일이라는 게 참 하찮게 느껴졌습니다. 봉급날이 되면 상사들을 위해 은행 창구에서 신권으로 돈을 찾아다 바치고, 금융 사고가 터졌을 땐 밤을 새워가며 끝도 없는 서류를 복사하고, 야근할 때마다 남대문 시장에 전화해 김치찌개를 주문하고 받아오는 일이 제 주된 업무였으니까요."

그런 허드렛일이 6개월쯤 반복되자, 그의 마음속에는 검은 회의감이 싹트기 시작했습니다. '내가 이런 일을 하려고 그토록 열심히 공부해서 대학을 나오고, 치열한 경쟁을 뚫고 입사한 것인가.' 결국 그는 진지하게 퇴사를 고민했습니다.

아무런 대책도 없이 그만두겠다며 며칠을 방황하던 어느 날, 입사 때부터 그를 눈여겨보던 연수부의 한 선배가 조용히 그를 불렀습니다.

"너, 요즘 얼굴에 고민이 가득하다. 무슨 일 있냐?"

선배의 다정한 물음에 그는 기다렸다는 듯 그동안 쌓아두었던 불만과 고민을 솔직하게 털어놓았습니다. 그러자 선배는 그의 어깨를 툭 치며 빙그레 웃었다. 그리고 그의 인생을 바꾼 한마디를 건넸습니다.

"야, 이 사람아. 스님도 그냥 되는 게 아니야. 절에 들어가면 3년 동안 마당만 쓴단다. 지금 네가 하는 일이 아무 의미 없어 보이고 하찮게 느껴질지 몰라도, 그 또한 이 사회와 조직을 몸으로 이해하는 소중한 훈련의 과정이야. 이 과정을 불평 없이 슬기롭게 잘 넘기면, 그게 훗날 너에게는 아주 의미 있는 자산이 될 거다."

스님은 3년 동안 마당만 쓴다, 하찮은 일에 담긴 성장의 지혜

선배의 그 한마디는 그의 머리를 강타하는 거대한 망치와도 같았습니다.

"정신이 번쩍 들었습니다. 그만둘 생각만 했지, 제게 주어진 이 시간의 의미를 제대로 헤아려보려고 단 한 번도 노력하지 않았던 겁니다. 그날 이후, 저는 마음을 고쳐먹었습니다. 불평하는 대신, 세게 수어진 일부터 제대로, 또 열심히 해내기로 결심했습니다. 그때 그 선배의 조언이 없었다면, 아마 저는 평생 조직에 적응하지 못하고 불만만 가득한 채 이곳저곳을 떠도는 사람이 되었을지도 모릅니다. 제 인생의 가장 중요한 '터닝 포인트'는 바로 그 사소한 대화의 순간이었다고 확신합니다."

그는 초심으로 돌아갔습니다. 밥을 시키는 일도, 서류를 복사하는 일도 조직의 일원으로 최선을 다해서 해냈습니다. 그러자 신기하게도 기회가 찾아오기 시작했습니다. 그의 성실함을 눈여겨본 상사들의 추천으로 유학의 기회를 얻었고, 외환 파트와 뉴욕 지점에서 근무하며 누구도 쉽게 가질 수 없는 글로벌 안목을 키울 수 있었습니다. 조직에 위기가 닥쳤을 때마다 그는 기꺼이 '소방수'를 자처했고, 문제를 해결하며 신뢰를 쌓아갔습니다.

저는 그의 이야기를 들으며 요즘 젊은 세대들의 '조기 퇴사'와 '잦은 이직' 문제에 대해 어떻게 생각하는지 물었습니다.

"요즘 젊은 친구들의 이직률이 높다고들 하죠. 물론 저희 때와는 시대가 비교할 수 없을 만큼 달라졌습니다. 하지만 본질은 같다고 생각합니다. 어렵게 성취해서 들어간 직장이라면, 그 첫 마음을 잃지 않고 긍정적인 마음으로 도전하며 슬기롭게 어려움을 넘기는 순간들이 누구에게나 필요합니다."

그는 말을 이어 나갔습니다.

"물론 적성에 정말 맞지 않는다면 빨리 그만두는 것도 현명한 답이 될 수 있습니다. 하지만 제가 지켜본 바에 따르면, 대부분의 갈등은 일이 아니라 사람과의 관계에서 비롯됩니다. 상사와의 트러블, 동료와의 불화를 견디지 못하고 회사를 옮기는 친구들은, 다른 곳에 가서도 결국 비슷한 문제에 부딪히더라고요. 스님이 마당을 쓰는 3년의 세월처럼, 참고 견디며 자신을 단련하고 조직에 융화되는 법을 배우는 시간은 분명 그만한 의미가 있습니다. 그 시간을 견뎌낸 사람만이 더 큰 일을 도모할 수 있는 법이죠."

Q 전 대표와의 만남은 '기다림의 미학'과 '과정의 중요성'을 깊이 일깨워주었습니다. 화려한 스포트라이트가 비치지 않는 어두운 곳에서, 묵묵히 자신의 자리를 지키며 내공을 쌓는 시간이 훗날 얼마나 단단한 성장의 자양분이 되는지, 그의 삶이 온몸으로 증명하고 있었습니다.

인내의 열쇠

스님은 3년 동안 마당만 쓴다는 지혜를 기억하십시오. 지금 하는 일이 하찮게 느껴질지라도, 그 시간은 조직을 이해하고 자신을 단련하는 소중한 훈련의 과정입니다. 그 인고의 시간을 불평 없이 견뎌낸 사람만이 더 큰일을 도모할 자산을 얻게 됩니다.

19

준비가 끝났다면
주저 말고 뛰어내려라

경기도 평택에 있는 S 병원에서 만난 R 병원장은 젊음과 패기, 그리고 혁신이란 세 단어로 완벽하게 요약할 수 있는 인물이었습니다. 100여 명의 직원을 이끄는 병원장이라는 직책이 주는 무게감에도 불구하고, 그의 모습에서는 딱딱한 권위주의의 그림자를 전혀 찾아볼 수 없었습니다. 오히려 그는 낡고 경직된 의료계의 관행을 깨고, 오직 환자 중심의 새로운 문화를 만들고자 하는 뜨거운 열정으로 가득 찬 '젊은 혁신가'에 가까웠습니다.

"의사의 길은 보통 정해져 있다고들 합니다. 수련을 마친 뒤 대학병원에 남아 교수가 되거나, 선배가 운영하는 병원에 취직하는 식이죠. 저 역시 그 안정된 길을 따라왔습니다. 그래서 제 인생의 '터닝 포인트'를 꼽으라면, 주저 없이 그 익숙한 길을 벗어나 제 이름을 건 병원을 개원한 시점이라고 말할 수 있습니다."

그에게 개원은 단순히 사업체를 여는 행위가 아니었습니다. 그것은 보장된 미래와 안정된 삶을 스스로 박차고 나와, 누구도 결과를 예측할 수 없는 불확실한 미래에 자신을 온전히 던지는 과감한 '도전'이었습니다.

"의사라면 누구나 한 번쯤 개원을 꿈꿀 겁니다. 하지만 대부분은 수없이 고민하고 망설이다가 결국 포기하고 말죠. 저 역시 그런 주저함과 망설임이 왜 없었겠습니까. 하지만 저는 과감하게 시작하기로 마음먹었습니다. 물론 운도 좋았지만, 그 무엇보다 그런 마음의 결정을 하고 용기를 가졌던 저 자신이 있었기에 가능했습니다. 그 용기를 냈던 순간이 제 인생의 가장 큰 전환점이 되었습니다."

그가 안정된 길을 박차고 나올 용기를 낼 수 있었던 데에는, 의사로서 환자들을 진료하며 느꼈던 깊은 문제의식이 자리하고 있었습니다.

"제가 환자들을 진료하며 가장 안타깝고 답답했던 것은, 수십만 원짜리 고가의 MRI 검사를 받고도 정작 자신이 왜 아픈지, 어떤 치료를 받아야 하는지조차 제대로 이해하지 못하는 분들이 너무나 많다는 사실이었습니다. 의사는 바쁘다는 핑계로 제대로 설명해 주지 않고, 환자는 어려운 의학 용어 앞에서 주눅이 들어 질문조차 하지 못하는 현실. 저는 그런 권위주의적인 진료 행태를 반드시 바꾸고 싶었습니다. 환자가 자신의 질병을 완벽히 이해하고 치료 과정에 주체적으로 동참할 때, 비로소 진정한 치료가 가능하다고 굳게 믿었기 때문입니다."

준비가 끝났다면 주저하지 마라, 단단한 실력 위에서 비상하는 법

그의 신념은 병원 운영 철학에 그대로 녹아 있었습니다. 환자들이 검사 결과를 하염없이 기다리는 불편을 최소화하기 위해 무리해서라도 MRI 장비를 두 대나 도입했고, 모든 의료진에게 환자의 눈높이에 맞춰 질병과 치료법을 쉽고 친절하게 설명해 줄 것을 끊임없이 강조했습니다. 그는 끊임없이 새로운 기술을 도입하고, 환자의 고통을 최소화하는 최소 침습 시술 위주로 치료하며, '젊은 병원'이라는 이름에 걸맞은 혁신을 쉼 없이 이어가고 있었습니다.

새로운 도전을 앞두고 망설이는 후배 의사나 청년들에게 그가 해주고 싶은 말이 있는지, 성공적인 창업가이자 노련한 의사인 그는 과연 어떤 조언을 건넬지 궁금했습니다.

"저는 항상 두 가지 관점에서 이야기해 주고 싶습니다. 첫째, 절대로 돈을 목적으로, 혹은 '누가 이렇게 해서 성공했다더라'라는 뜬소문만 듣고 섣불리 시작해서는 안 된다는 겁니다. 자신만의 확고한 실력과 철학, 즉 '베이스'가 없는 도전은 사상누각과 같아서 작은 위기에도 쉽게 무너지고 맙니다."

그의 조언은 단호했지만, 이내 따뜻한 격려로 이어졌습니다.

"하지만 반대로, 자기 분야에서 실력이 어느 정도 경지에 올랐고, 스스로 '완성되었다'라고 판단된다면, 그때는 더 이상 주저하지 말고, 용기를 내야 합니다. 돈 때문에, 빚을 질지 두려워서 황금 같은 시기를 놓치는 경우를 너무나 많이 봤거든요. 자신의 실력을 믿는다면, 과감하게 빚을 내서라도 뛰쳐나와 더 넓은 세상에서 자신의 역량을 마음껏 펼쳐 보여야 합니다."

R 병원장과의 인터뷰는 '준비된 용기'의 가치를 깊이 깨닫게 했습니다. 그것은 막연한 자신감이나 무모한 만용이 아니었습니다. 수년간 갈고닦은 실력이라는 단단한 토대 위에서, 자신의 철학을 실현하기 위해 내딛는 용기 있는 한 걸음, 그 한 걸음이야말로 인생의 물길을 바꾸는 위대한 '터닝 포인트'가 될 수 있음을 그의 삶이 뚜렷하게 보여주고 있었습니다.

도전의 열쇠

자신만의 확고한 실력과 철학이라는 단단한 토대를 먼저 쌓으십시오. 준비가 끝났다는 확신이 든다면, 실패를 두려워 말고 과감하게 도전해야 합니다. 준비된 자의 용기 있는 한 걸음이 인생의 물길을 바꾸는 위대한 전환점이 될 것입니다.

20

모든 것을 삼킨 잿더미 속에서 희망을 쏘아 올리다

 물리학자 출신의 S 대표를 만나기 전, 저는 그가 아마도 매우 이성적이고 냉철하며, 모든 것을 숫자로 계산하는 사람일 것이라 막연히 짐작했습니다. 하지만 경기도의 한 연구단지에서 실제로 마주한 그는, 그 누구보다 뜨거운 열정과 흔들리지 않는 신념을 가진 사람이었습니다.

 그가 이끄는 회사는 LED 조명 업계에서 눈부신 고속 성장을 거듭하고 있었지만, 정작 그의 이야기는 성공의 정점이 아닌, 모든 것을 잃었던 절망의 잿더미 속에서 시작되었습니다.

 "제 인생의 '터닝 포인트'를 딱 하나만 꼽으라면, 저는 주저 없이 '화재'라고 말할 겁니다. 2013년 7월 10일에 일어난 그 화재는 제 모든 것을 앗아갔지만, 역설적이게도 바로 그 잿더미가 저를 완전히 새로운 사람으로 다시 태어나게 했으니까요."

 2010년, H대학교에서 물리학을 가르치던 교수이자 연구자였던 그는 LED 기술의 무한한 가능성에 대한 확신 하나로 T 회사를 설립했습니다. 발상의 전환을 통해 기존의 문제를 해결한 그의 뛰어난 기술력은 금세 업계의 주목을 받았고, 2년여에 걸친 노력 끝에 까다로운 정부 조달 등록까지 마치며 이제 막 비상할 채비를 끝낸 참이었습니다.

"2013년 7월 10일. 저는 그날을 결코 잊지 못합니다."

부산 출장에서 막 돌아오던 길, 그는 직원의 다급한 전화를 받았다고 합니다. 사무실에 큰불이 났다는 청천벽력 같은 소식이었습니다.

"믿을 수가 없어서 몇 번을 되물었습니다. 한걸음에 달려가 보니, 눈앞에 펼쳐진 광경은 그야말로 참담했습니다. 옆 화학실험실에서 시작된 불이 우리 사무실까지 완전히 집어삼킨 겁니다. 막 발주를 받아 이틀 전에 들여놓았던 고가의 자재들, 지난 몇 년간의 피와 땀이 고스란히 담긴 연구 노트와 서류, 시제품들… 제 분신과도 같았던 모든 것이 한 줌의 검은 재로 변해 있었습니다."

설상가상으로, 국가연구소 내에 입주해 있었음에도 불구하고 예산에 없는 화재 사고라는 황당한 이유로 제대로 된 보상조차 받지 못했다고 합니다. 빚만 고스란히 남은 채 모든 것을 잃은 그는 그해 11월까지 아무것도 하지 못한 채 깊은 방황의 늪에 빠졌습니다.

"모든 걸 다 포기하고 그냥 학교로 돌아가 연구에만 전념해야겠다고 생각했습니다. 희망이 보이지 않았어요. 어느 날 밤, 아내와 함께 캄캄한 화재 현장을 다시 찾아갔는데, 칠흑 같은 어둠 속에서 타다 남은 잔해들을 보고 있자니 제 마음까지 캄캄하게 타들어 가는 것 같았습니다. 정말 더 이상 내려갈 곳이 없구나, 여기서 모든 게 끝이구나 싶었죠."

불타 없어진 자산, 결코 타지 않는 내면의 꿈과 지식

모든 것이 끝났다고 생각한 바로 그 절망의 나락에서, 그를 다시 일으켜 세운 것은 '이건 내 잘못이 아니지 않은가?'라는 작은 생각의 불씨와 '물리학'이라는 자신의 정체성이었다고 합니다.

"곰곰이 생각해 보니, 이 재앙은 제 잘못으로 벌어진 일이 아니었습니다. 그리고 저는 평생을 사물의 이치를 탐구하며 살아온 물리학자였습니다. 물리학을 공부했기 때문에, 어떤 현상이든 그 원리를 파고들면 길을 찾을 수 있다는 믿음이 제 안에 있었습니다. 화재가 제 모든 것을 앗아갔지만, 제 머릿속에 든 지식과 기술, 그리고 제 꿈까지 태워버린 것은 아니었습니다. 그 순간, '그래, 죽으란 법은 없다. 이제 올라갈 일만 남았다. 다시 내 꿈을 가지고 가자'라는 오기와 용기가 솟아났습니다."

그는 잿더미 속에서 새로운 기회를 발견했습니다. 화재로 인해 머릿속이 하얗게 비워지자, 오히려 기존의 틀을 깨는 혁신적인 아이디어가 떠오른 것입니다. 그는 자신이 가진 LED 회로 기술을 에너지 사업과 연결하는 새로운 구상을 했고, 이는 훗날 회사의 운명을 바꾸는 에너지저장장치(ESS) 개발로 이어졌습니다. 최악의 위기가 오히려 사업 영역을 확장하는 전화위복의 계기가 된 것입니다.

S 대표와의 인터뷰는 마치 한 편의 기적 같은 드라마를 보는 듯했습니다. 모든 것을 삼켜버린 거대한 불길 속에서 잿더미를 딛고 다시 태어난 그의 이야기는, 절망의 가장 깊은 곳에서야 비로소 가장 빛나는 희망이 시작될 수 있다는 역설적인 진리를 온몸으로 보여주고 있었습니다.

희망의 열쇠

모든 것을 잃은 절망의 잿더미 속에서도 결코 희망을 잃지 마십시오. 외부의 재앙이 모든 것을 앗아갈 수는 있어도, 당신 내면의 지식과 꿈, 열정까지 태울 수는 없습니다. 가장 깊은 절망의 순간이야말로, 가장 빛나는 희망이 시작되는 위대한 기회입니다.

{ 3부 }

평범한 오늘을 위대한 내일로 바꾸는 삶의 변곡점

THE SECRET TO CREATING YOUR OWN LUCK

성공한 사람들의 삶에는 인생의 항로를 극적으로 바꾼 결정적인 '터닝 포인트'가 존재합니다. 그것은 거창한 사건이 아니라 '나는 왜 사는가'라는 본질적인 질문에 대한 답을 찾는 순간일 수 있습니다. 포기하고 싶은 99도의 순간을 견디고 마침내 100도의 끓는점에 도달하는 노력과, 고민하기보다 행동으로 길을 만드는 용기가 당신의 삶을 기적으로 이끌 것입니다. 이들의 이야기를 통해 당신의 삶을 움직이게 할 가장 강력하고 절실한 '왜'를 발견하고, 흔들리지 않는 인생의 주인이 되시기를 바랍니다.

21

'왜(Why)'라는 질문으로
이야기의 힘을 믿은 개척자

　세상의 모든 것에는 이야기가 깃들어 있다는 믿음이 있습니다. 그 보이지 않는 가치를 사업의 한복판으로 끌어들인 사람을 K 전 회장님이 21번째로 추천해 주었을 때, 저의 마음은 단순한 호기심을 넘어선 어떤 경외감으로 물들었습니다. 이야기와 비즈니스 그리고 잉크와 계산기, 감성과 이성처럼 결코 섞일 수 없을 것 같은 두 세계를 '스토리'라는 하나의 이름 아래 묶어낸 힘의 근원이 궁금했기 때문입니다. 그곳은 작가들의 고독한 창작혼이 타오르는 아틀리에일까, 아니면 날카로운 비즈니스 모델로 무장한 콘텐츠 공장일까. 섣부른 상상만으로는 그 실체의 윤곽조차 그릴 수 없었습니다.

　약속 장소로 향하는 길, 저의 발걸음은 마치 새로운 이야기의 첫 장을 넘기는 독자처럼 설렘과 긴장으로 미세하게 떨렸습니다. 문을 열고 들어선 공간은 저의 모든 예상을 보기 좋게 깨뜨렸습니다. 그곳은 뜨거운 창작의 열정과 차가운 비즈니스의 논리가 팽팽한 긴장감 속에서 묘한 균형을 이루는, 거대한 용광로와 같았습니다. 한쪽 벽면을 가득 채운 책장, 그곳에는 수없이 읽혀 너덜너덜해진 시나리오와 온갖 분야의 서적들이 빼

빽하게 들어차 지나온 역사를 증명하고 있었습니다. 반대편에서는 젊은 프로듀서들이 모니터의 시장 분석 데이터를 보며 진지한 얼굴로 마케팅 전략을 논하며 미래를 설계하고 있었습니다. 과거와 미래, 감성과 이성이 하나의 숨결로 뒤섞인 그곳의 공기는 유난히 밀도가 높았습니다.

그 모든 것을 아우르는 중심에 T 대표가 있었습니다. 단정한 모습으로 저를 맞이한 그녀는, 깊은 우물처럼 헤아리기 어려운 작가의 눈빛과 가야 할 길을 정확히 꿰뚫어 보는 경영인의 날카로운 시선을 동시에 가진 사람이었습니다. 수많은 작가 지망생들이 창작의 결실을 보지 못한 채 스러져 가는 현실이 안타까워, 그들을 위한 단단한 배를 만들기 위해 직접 거친 비즈니스의 바다로 뛰어들었다는 그녀에게 저는 '이야기'라는 무형의 자산으로 회사를 이끌어가는 그 특별한 항해술에 대해 물었습니다.

"대표님의 길은 참으로 독특합니다. 대부분의 창작자가 창작 그 자체에 몰두할 때, 대표님께서는 이야기의 산업화, 그 가능성을 보고 직접 판을 만드셨습니다. 안락한 서재를 떠나 이 험난한 길을 걷기로 결심하게 된, 인생을 바꾼 결정적인 터닝 포인트는 무엇이었습니까?"

제 질문에 그녀는 잠시 생각에 잠긴 후, 의외의 이야기를 꺼냈습니다. 그녀를 움직인 것은 위대한 문학적 계시나 치밀한 사업 계획이 아니었습니다. 그것은 어느 이른 새벽, 딱딱한 호텔 의자에 앉아 들었던 한 번의 조찬 강연회에서 찾아온 충격적인 깨달음이었습니다.

"작가로만 살았다면 평생 경험해 보지 못했을 세계를 그곳에서 만났습니다. 그전까지 저는 제 안의 이야기를 종이 위에 꺼내 보이는 것만이 제 역할이라 믿었죠. 이야기는 고독한 개인의 산물이라고요. 하지만 그날 강연에서 '법인'이라는 개념을 듣는 순간, 망치로 머리를 한 대 맞은 것 같았습니다. 생명력을 가진 법인, 스스로 존재하며 사람을 품고 세상을 움직이는 그 유기체적인 개념이 제 머릿속을 온통 뒤흔들었습니다. 고용을 통해 누군가의 삶을 책임져야 한다는 무게감, 자본에 대한 이해 같은 것들이 더 이상 딱딱한 경제 용어가 아니라, 가장 창의적이고 위대한 '이야기'가 될 수 있겠다는 생각이 들었습니다. 이야기가 개인의 창작물에 머무는 게 아니라, 사람을 모으고 일자리를 만들고 산업을 일으키는 생명력이 될 수 있다는 것을요. 그 충격과 깨달음이 저를 이곳으로 이끌었습니다."

"당신은 왜 사는가?" 가장 본질적인 질문에서 길을 찾다

그녀의 목소리에는 작가의 정체성과 경영자의 책임감이 교차하는 복합적인 감정이 묻어났습니다. 돈의 논리만으로는 재단할 수 없는 이야기의 영역과 돈이 되는 것을 구분해야 하는 냉정한 비즈니스의 현실 사이. 그 아슬아슬한 경계에서 길을 잃지 않기 위해, 그녀는 스스로와 직원들에게 끊임없이 본질적인 질문을 던진다고 했습니다.

"저는 늘 '왜(Why)?'를 묻습니다. 우리 회사에 입사하려는 친구들에게 다른 스펙은 보지 않고 그 질문만 집요하게 던집니다. '당신은 왜 이 일을 하고 싶은가? 당신은 왜 사는가?' 이야기 속 주인공의 매력은 그가 누구인지(Who), 무엇을 가졌는지(What)에서 나오지 않습니다. 그가 '왜' 건물을 때려 부쉈는지, 그 동기에 관객들이 공감할 때 비로소 생명력을 얻게 되죠. 우리 삶도 마찬가지라고 생각해요. 수많은 스펙을 쌓아 '누구'가 될지를 고민하지만, 정작 자신이 왜 그 길을 가야 하는지에 대한 답이 없는 젊은이들이 너무 많습니다. '왜'가 없는 삶은, 주인공의 동기를 끝까지 알려주지 않는 영화처럼 답답하고 공허할 뿐입니다."

그녀의 이야기는 제 심장을 그대로 관통하는 듯했습니다. 우리는 얼마나 많은 순간, '왜'라는 질문을 잊은 채 그저 앞만 보고 달려왔던가. 모두의 이야기가 가진 힘에 대한 그녀의 근원적인 '왜'에서 출발한 것이었습니다. 그녀는 증명하고 싶었던 것입니다. 이야기는 그 자체로 힘이 있으며, 먹고사는 문제, 즉 하나의 독립된 산업이 될 수 있다는 것을. 대화를 마치고 사무실을 나서며, 저는 저 자신에게 묻고 있었습니다. 나의 삶이라는 이 이야기 속에서, 나를 움직이게 하는 가장 강력하고도 절실한 '왜'는 과연 무엇인가. 그 질문에 답할 수 있을 때, 비로소 내 인생의 진짜 이야기가 시작될 것임을 예감했습니다.

마음의 열쇠

당신이 누구인지(Who)를 증명하기 전에, 당신이 왜(Why) 그 길을 가는지 먼저 답하십시오. 당신의 삶을 이끄는 근원적인 이유를 찾을 때, 당신의 이야기는 비로소 사람들의 마음을 움직이는 힘을 갖게 됩니다. 당신을 움직이게 하는 가장 강력하고 절실한 '왜'에 답할 수 있을 때, 비로소 인생의 진짜 이야기가 시작될 것입니다.

22

99도의 노력을
견뎌낸 승부사

성공한 사람들의 이야기는 종종 비범한 재능이나 극적인 행운의 결과물처럼 포장되곤 합니다. 하지만 제가 만난 A대학교 경영학과의 U 교수는, 성공이란 아주 평범한 진리, 즉 '포기하지 않는 노력'이 임계점을 돌파하는 순간 찾아오는 필연적인 화학 반응이라고 온몸으로 증언하는 사람이었습니다. 종합 상사 사원으로 시작해 증권업계를 거쳐 외국계 증권사 임원까지, 그 눈부신 성취의 이면에는 어떤 특별한 비결이 숨어 있을까?

저는 그 답을 듣기 위해 늦여름의 녹음이 짙게 깔린 그의 대학 연구실 문을 두드렸습니다. 연구실은 치열했던 현장의 기록과 후학을 위한 학문적 고민이 공존하는, 노련한 장수의 지휘 막사와 같았습니다. 책장에는 날카로운 시장 분석 보고서들과 함께 리더십과 인생 2막에 관한 책들이 나란히 꽂혀 있었고, 책상 위에는 수십 년간의 경험이 응축된 강의 자료들이 반듯하게 정돈되어 있었습니다.

잠시 후 저를 맞이한 U 교수는, 글로벌 금융 시장의 전쟁터를 누빈 전사의 예리함과 이제는 그 경험을 아낌없이 나누어주는 스승의 온화함을 동시에 지닌 분이었습니다.

"교수님의 삶은 끊임없는 도전의 연속이었습니다. 특히 많은 직장인이 '이 일은 내 길이 아닌 것 같다'라는 회의감에 무너지곤 합니다. 교수님 역시 그런 절체절명의 순간이 있었다고 들었습니다. 그 깊은 위기를 어떻게 돌파하여 지금의 자리에 오게 되셨는지, 운명의 물길을 바꾼 그 터닝 포인트가 궁금합니다."

질문을 받은 그는 고개를 끄덕이며 잔잔한 미소와 함께 과거의 한 장면을 소환했습니다. 그의 인생을 바꾼 터닝 포인트는 가장 깊은 절망의 수렁에서 내렸던 단 하나의 결심, 스스로와의 처절한 약속이었습니다.

"물론 있었습니다. 증권 영업을 하던 사회 초년생 시절, 하루에도 몇 번씩 사표를 내고 싶다는 생각에 시달렸습니다. 제아무리 노력해도 실적은 오르지 않고, 고객들의 냉담한 반응과 상사의 질책이 어깨를 짓눌렀죠. '이건 정말 내 길이 아니다'라는 생각이 머릿속을 떠나지 않았습니다. 그런데 바로 그때, 제 인생을 바꾼 오기가 생겼습니다. '그래, 포기하더라도 1년만, 딱 1년만 정말 죽기 살기로 해보고 그만두자.' 그 결심이 저의 첫 번째 터닝 포인트였습니다."

"딱 1년만 더", 절망의 끝에서 맺은 스스로와의 약속

그것은 단순한 다짐이 아니었습니다. 자기 자신과 맺은 신성한 계약이었습니다. 그는 그 약속을 지키기 위해 독하게 자신을 몰아붙였습니다. 하루 두 갑씩 피우던 담배부터 끊었고, 누구보다 먼저 사무실 불을 켜고 가장 늦게 퇴근했습니다. 그는 이 과정을 '물이 끓는점'에 도달하는 시간에 비유했습니다. 물은 99도까지 아무런 변화가 없는 것처럼 보이지만, 마지막 1도를 넘어서는 순간 걷잡을 수 없이 끓어오르며 세상을 뒤흔드는 에너지를 분출합니다. 그의 1년은 바로 그 100도를 향해 달려가는, 고통스럽지만 경이로운 시간이었습니다.

"정말 신기한 경험이었습니다. 그렇게 하루하루를 버티고 제 모든 것을 쏟아붓다 보니, 어느 순간 세상이 저를 중심으로 돌아가는 것 같은 느낌을 받았습니다. 그토록 어렵던 투자자들의 마음이 열리고, 회사에서 실력을 인정받기 시작했죠. 나중에는 스카우트 제의도 받게 되었습니다. 사원에서 대리가 되는 데 7년이라는 긴 시간이 걸렸지만, 한번 끓는점을 돌파하고 나니 대리에서 이사가 되는 데는 단 6년밖에 걸리지 않았습니다. 포기하고 싶은 그 순간을 넘어 '끓는점'을 돌파하자, 제 인생은 완전히 다른 속도와 밀도로 움직이기 시작했습니다."

그의 삶 자체가 '끓는점의 법칙'을 증명하는 하나의 살아있는 교과서였습니다. 수십 년 경력의 전문가였던 그가 강사로서 인생 2막을 시작했을 때도, 그는 또다시 '초짜'의 위기를 겪었습니다. 강의 평가 점수는 좋지 않았고, 앙코르 요청도 들어오지 않았습니다. 그는 다시 한번 끓는점을 향해 자신을 던졌습니다. 자신의 강의를 녹화해 운전하면서까지 수없이 돌려보고, 유명 강사들을 찾아가 비법을 물었습니다. 그리고 마침내 그의 강의에도 폭발적인 앙코르가 쏟아지기 시작했습니다. 그런 그가 지금의 청년들에게 힘 있는 목소리로 외쳤습니다.

"도서관에만 있지 마십시오! 세상의 모든 답이 책 속에 있는 것은 아닙니다. 스펙 쌓기에만 몰두하다 보면, 정작 현장에서 필요한 진짜 역량을 놓치기 쉽습니다. 힘들게 회사에 들어가서도 1년을 버티지 못하고 나오는 친구들을 보면 안타깝습니다. 책 속 세상에만 길들어 있기 때문이죠. 관심 있는 분야가 있다면 아르바이트든 인턴이든, 먼저 현장에서 부딪히고 경험해 보십시오. 많이 보고, 많이 만나고, 많이 경청하십시오. 그 생생한 경험 속에서 당신의 진짜 끓는점을 발견하게 될 것입니다."

그의 인생은 명징하게 가르쳐주고 있었습니다. 어떤 분야든, 어떤 나이든, 운명을 바꿀 만큼의 임계점을 돌파하는 단단한 노력 없이는, 그 어떤 기적도 일어나지 않는다는 것을.

열정의 열쇠

인생의 모든 것에는 끓는점이 존재합니다. 포기하고 싶은 99도의 순간, 한 번 더 자신을 밀어붙이십시오. 미지근한 99도를 견뎌내고 마침내 100도에 도달했을 때, 당신의 세상은 걷잡을 수 없이 끓어오르기 시작할 것입니다. 어떤 분야든 운명을 바꿀 만큼의 임계점을 돌파하는 단단한 노력 없이는, 그 어떤 기적도 일어나지 않습니다.

23

거북이의 걸음으로 일군
'나만의 단단한 왕국'

　우리는 흔히 성공한 사업가의 이야기를 들을 때, 얼마나 더 높이, 얼마나 더 빨리 성장했는지에 주목합니다. 하지만 D 산업의 V 대표를 만나고 나서, 저는 '성공'의 정의를 다시 생각하게 되었습니다. 그는 더 높은 곳을 향해 아슬아슬한 줄타기를 하는 모험가보다는, 한눈팔지 않고 자신의 길을 묵묵히 걸어가는 거북이에 가까운 사람이었습니다. 그의 경영 철학은 놀랍도록 단순하고 명쾌했습니다. '망하면 끝이다.' 그 한마디에 그의 모든 것이 담겨 있었습니다.

　D 산업은 일반인에게는 다소 생소한 분야의 강소기업입니다. 우리가 마트에서 흔히 보는 딸기 포장 용기나 요구르트 컵, 혹은 기업의 화려한 입체 광고판 등이 그의 손을 거쳐 탄생합니다. 기계 소음이 가득한 공장의 역동적인 풍경과 대조적으로, 저를 맞이하는 V 대표의 얼굴에는 서두르는 기색 없이 평온한 미소가 걸려 있었습니다. 그 미소는 오랜 시간 자신만의 속도와 원칙을 지켜온 사람만이 가질 수 있는 단단한 자신감의 다른 표현이었습니다.

"대표님께서는 18년이라는 긴 시간 동안 회사를 안정적으로 성장시켜 왔습니다. 수많은 위기와 유혹 속에서도 흔들리지 않고 자신만의 길을 걸어올 수 있었던 힘, 그 인생의 터닝 포인트는 무엇이었습니까?"

그는 잠시 과거를 돌아보는 듯 눈을 가늘게 떴습니다. 그의 터닝 포인트는 화려한 성공의 순간이 아니라, 묵묵히 자신의 칼을 갈았던 인내의 시간이었습니다. 드라마틱한 반전이 아닌, 성실함이 축적된 시간의 힘이었습니다.

"사업을 시작하기 전, 진공성형 기계를 만드는 회사에서 10년을 근무했습니다. 지금 돌이켜보면 그 10년이 제 인생의 황금기이자 가장 중요한 터닝 포인트였습니다. 그곳에서 기술을 배웠고, 자신감을 얻었으며, 사업을 어떻게 해야 한다는 저만의 가치관을 세울 수 있었습니다. 그때 제 나름대로 열심히 해볼 만큼 해봤다는 그 경험과 자신감이 없었다면, 감히 제 사업을 시작할 엄두도 내지 못했을 겁니다."

"망하면 끝이다.", 화려한 성장보다 단단한 생존을 택한 거북이

10년의 내공을 쌓은 그는 마침내 독립을 결심했지만, 쉬운 길을 택하지 않았습니다. 자신을 키워준 사장님과 경쟁할 수 없다는 신의 때문에, 기존의 기계 제작이 아닌 제품 생산이라는 새로운 틈새시장에 뛰어들었습니다. 그것은 자신에게 도움을 준 사람을 배반할 수 없다는, 그의 우직한 성품이 만든 어쩔 수 없는 선택이었습니다. 그리고 그 선택이 오늘날의 D 산업을 만들었습니다.

그의 경영 방식은 그의 성품을 그대로 닮아 있었습니다. 무리한 확장을 경계하고, 회사가 소화할 수 있는 만큼의 주문만 받았습니다. 한두 개의 대형 거래처에 의존하기보다, 작지만, 꾸준히 여러 거래처와 신뢰를 쌓아가는 방식을 택했습니다. 그 모든 원칙의 바탕에는 '망하지 않는 사업을 해야 한다'라는 절박하고도 확고한 신념이 깔려 있었습니다.

"사업을 시작하는 사람 중에는 '이거 하다 안 되면 다른 거 하지'라고 쉽게 생각하는 때도 있습니다. 하지만 저는 단 한 번도 그렇게 생각해 본 적이 없습니다. 이 사업이 망하면 내 인생도 끝이라는 각오로, 매 순간을 버텨왔습니다. 큰 욕심을 버려야 망하지 않을 수 있고, 안정적인 운영이 가장 중요하다고 믿습니다."

그의 이야기는 성장에 대한 우리 사회의 통념에 조용한 질문을 던졌습니다. 더 크고 화려한 성공만이 정답일까? 오히려 넘어지지 않고 꾸준히 나아가는 것, 그것이야말로 가장 이루기 어려운 성공이 아닐까? 저는 그런 그가 요즘 가장 깊이 고민하는 것이 매출이나 영업이 아닌, '직원들의 휴식 시간'이라는 말을 듣고, 깊은 감동을 받았습니다. 직원들이 즐겁게, 자부심을 느끼고 다닐 수 있는 내실 있는 회사를 만드는 것이 그의 꿈이었습니다. 그런 그가, 더 빠르고 쉬운 길을 찾는 데 익숙한 요즘 청년들을 어떻게 바라보는지 궁금했습니다.

"저는 젊은 친구들에게 대기업만 바라보지 말고, 중소기업에 눈을 돌려 보라고 말해주고 싶습니다. 좋은 조건이 갖춰진 곳에 들어가서 그저 하나의 부품이 되려고 애쓰기보다, 작은 회사에 들어가서 그 회사를 좋은 조건의 회사로 직접 만들어보는 겁니다. 회사가 발전하며 나도 발전하고, 회사가 커지면서 내 위치도 커지는 경험을 해보라는 거죠. 남들 다 가는 길 뒤에 줄 설 것이 아니라, 내가 직접 길을 만드는 주체가 되어보는 겁니다. 그 정도의 열정과 노력이라면, 중소기업에서 훨씬 더 큰 기회를 잡고 빠르게 성장할 수 있습니다."

V 대표와의 대화를 통해, 저는 '지키는 것'의 위대함을 배웠습니다. 그는 자신의 신념을 지켰고, 직원들의 일자리를 지켰으며, 거래처와의 약속을 지켰습니다. 그리고 그 묵묵한 '지킴'의 과정에서 그의 회사는 누구도 쉽게 무너뜨릴 수 없는 단단한 성으로 자라났습니다.

절실함의 열쇠

가장 높은 곳으로 향하기 전에, 가장 단단한 기반을 먼저 다지십시오. 화려한 성장보다 중요한 것은 넘어지지 않고 꾸준히 나아가는 것이며, 이것이야말로 가장 이루기 어려운 성공입니다. '망하지 않겠다'라는 절실한 목표가, 당신을 어떤 위기에도 흔들리지 않는 가장 강한 존재로 만들어 줄 것입니다.

24

차가운 비상계단에서 시작된
기적, 감사의 습관이 되다

'기적'이란 단어, 우리는 이 단어를 너무 쉽게 입에 올리거나, 혹은 너무 멀리 있는 신기루처럼 여기며 살아갑니다. 번개가 내리치듯 일어나는 일생일대의 사건만이 기적일까요. 어쩌면 진짜 기적은, 가랑비처럼 소리 없이 내려 우리의 삶을 통째로 적시는, 아주 작고 평범한 것들의 꾸준한 반복이 아닐까요. 매일 아침 해가 뜨는 당연함 속에, 매일 밥을 먹고 숨을 쉬는 일상에 숨겨진 기적의 씨앗을 발견하는 사람이라고 K 전 회장님으로부터 추천받은 W 대표 세무사를 만나러 가는 길에 저는 기적의 본질에 대한 오랜 질문을 품고 있었습니다.

그의 신념이 살아 숨 쉬는 공간, 서울의 심장부에 위치한 그의 사무실의 첫인상은 '고요한 혁신'이었습니다. 종이 서류가 산처럼 쌓인 낡은 사무실의 풍경을 상상했던 저의 예상은 완벽하게 빗나갔습니다. 그곳에는 책장 대신 거대한 스크린이, 서류 뭉치 대신 가벼운 태블릿 PC가 있었습니다. 직원들은 보이지 않는 클라우드 시스템을 통해 유기적으로 연결되어 있었고, 사무실 전체는 마치 잘 조율된 오케스트라처럼 조화로운 정적

속에서 움직였습니다. 세무업계 최초로 '스마트 오피스'를 도입했다는 그의 선구안이 피부로 느껴지는 순간이었습니다.

이 지적이고 세련된 공간의 한가운데서, 저는 한 남자의 시간을 거슬러 올라가고 있었습니다. 돈 한 푼 없이 상경해 백화점 배달원으로 고단한 하루를 버텨냈던 가난한 청년이, 어떻게 이 거대한 변화를 이끄는 리더가 될 수 있었을까요.

잠시 후, 약속 시간에 정확히 맞춰 회의실로 들어서는 W 대표 세무사의 모습에서 저는 그 해답의 실마리를 발견할 수 있었습니다. 온화한 미소와 차분한 걸음걸이와 그의 얼굴에는 반세기에 가까운 세월 동안 오직 한길만을 걸어온 장인의 깊은 연륜과, 끊임없이 미래를 향해 나아가는 혁신가의 예리한 지혜가 함께 새겨져 있었습니다. 그는 상대를 편안하게 만들면서도 그 핵심을 꿰뚫는 듯한 따뜻하고 강한 기운을 풍겼습니다.

한 권의 책이 운명을 바꾸다

"먼 길 오시느라 고생 많으셨습니다. 차 한잔하시지요."

그가 내어준 따뜻한 차 한 잔을 앞에 두고, 저는 곧바로 본론으로 들어갔습니다.

"대표님의 인생 자체가 한 편의 드라마 같다는 이야기를 많이 들었습니다. 객관적으로 모든 조건이 불리했던 상황에서 지금의 자리에 오르기까지, 그 거대한 변화를 이끌어 낸 결정적인 순간은 언제였는지요. 대표님 인생의 가장 중요한 터닝 포인트가 궁금합니다."

질문을 받은 그는 잠시 창밖으로 시선을 돌렸습니다. 화려한 마천루가 숲을 이룬 서울의 풍경 너머, 아득한 시간의 저편을 응시하는 듯했습니다. 마치 1976년, 낯선 도시의 소음 속에서 희망이라는 단어 하나만을 품에 안고 있던 스무 살의 자신을 불러내려는 듯, 그의 눈빛이 깊어졌습니다.

"돌이켜보면 제 인생의 가장 큰 터닝 포인트는 역시 '세무사'라는 직업을 알게 되고, 그 시험에 도전하기로 마음먹었던 바로 그 순간이었습니다. 물론 그 길을 처음 알려준 선배가 있었지만, 길을 안다고 해서 모두가 그 길을 가는 것은 아니지 않습니까. 모든 것은 제 마음속의 '절실함'에서 비롯된 것이지요. 당시 저는 정말 가진 것이라고는 젊음밖에 없는 청년이었습니다. 그래서 늘 스스로에게 물었습니다. 이 험한 서울에서 살아남기 위해 내가 기댈 수 있는 것이 무엇일까. 남들보다 나은 나만의 비교우위는 무엇일까. 제가 내린 결론은 단 하나, '공부'였습니다. 그래서 어떤 궂은일을 하든지 손에서 책을 놓지 않았습니다. 백화점에서 배달하고 포장하는 막일을 할 때도 마찬가지였습니다. 점심시간이면 동료들이 왁자지껄 밥 먹으러 갈 때, 저는 주머니 사정 때문에, 그리고 한 글자라도 더 봐야 한다는 절박함 때문에 백화점의 차가운 비상계단에 쪼그려 앉아 닳고 닳은 회계학 책을 읽었습니다. 뱃속에서는 허기진 소리가, 머릿속에서는 복잡한 숫자들이 전쟁을 벌였죠. 그러던 어느 날, 정말 운명처럼 한 주간지에서 '고졸자로 성공할 수 있는 직업'이라는 기사를 보게 됐습니다. 거기에 '세무사'라는 세 글자가 있었습니다. 그 단어가 제 마음에 벼락처럼, 혹은 한 줄기 구원의 빛처럼 날아와 박혔습니다. 그날 이후, 제 모든 목표는 오직 세무사가 되는 것, 하나뿐이었습니다. 그 선택이, 그 간절함이 지금의 저를 만든 것이지요."

그의 이야기 속에서 저는 '인생의 기둥'이라는 단어를 떠올렸습니다. 아무리 거센 비바람이 몰아쳐도 결코 쓰러지지 않을 단단한 기둥. 그에게 공부는 생존의 수단이었고, 세무사라는 목표는 그의 고단한 삶을 지탱하는 유일한 기둥이었습니다. 그래서 그는 지금의 청년들에게도 항상 같은 말을 강조한다고 했습니다.

"지금 당장 힘들고 어렵더라도, 내 인생을 관통하는 기둥 하나는 반드시 세우고 놓치지 마십시오. 그 기둥을 꽉 붙잡고 있으면, 언젠가는 반드시 그 기둥을 중심으로 기회가 찾아오기 마련입니다."

평범한 일상을 기적으로, '감사 일기'가 만든 놀라운 변화

하지만 그는 단순히 지식만으로 지금의 자리에 오른 것이 아니었습니다. 그의 성공 철학의 또 다른 핵심은, 놀랍게도 '감사'라는, 가장 부드럽고도 가장 강력한 힘이었습니다. 6년 전, 그는 '감사 경영'이라는 독특한 경영 철학을 도입했습니다.

"우연히 한 논문을 읽게 됐습니다. 뇌과학자와 심리학자가 공동으로 연구한 결과였는데, '매일 5개의 감사 일기를 3주간 쓰면 스스로 변화를 감지하고, 3개월간 쓰면 타인이 그 변화를 느낄 수 있다'라는 내용이었습니다. 보는 순간, 머리를 한 대 맞은 듯한 충격을 받았습니다. '이거다!' 싶었죠. 회사의 변화를 이끌어 내고 직원들을 긍정적으로 바꿀 힘을 여기서 찾을 수 있겠다고 확신했습니다. 그래서 그날부터 당장 감사 일기를 쓰기 시작했습니다."

물론 처음부터 순탄했던 것은 아니었습니다. 직원들에게 감사 일기를 권했을 때, 대부분은 "바쁜데 그런 걸 할 시간이 어디 있느냐"라며 냉담한 반응을 보였습니다. 하지만 그는 포기하지 않았습니다. 자신이 먼저 매일 꾸준히 쓰는 모습을 보여주고, 그 긍정적인 변화를 몸소 증명해 보였습니다. 그렇게 6년이라는 시간이 흐르자, 딱딱했던 조직의 분위기가 놀랍게 바뀌기 시작했습니다. 고객의 억울한 불만 제기에도 직원들은 먼저 고객의 처지에서 생각하고 진심으로 사과하기 시작했으며, 자발적으로 컴플레인 사례를 모아 워크숍에서 공유하는 문화까지 생겨났습니다.

"하지만 가장 큰 수혜자는 다른 누구도 아닌 바로 저 자신이었습니다. 제가 변하니 가정이 변하고, 회사가 변하고, 고객과의 관계가 변했습니다. 아직도 갈 길이 멀지만, 만약 6년 전 그 시작조차 하지 않았다면 어땠을까 상상해 보면, 지금의 이 모든 변화는 그야말로 '기적'이라고밖에는 설명할 길이 없습니다."

그는 단 하루도 거르지 않고 6년간 감사 일기를 써오고 있다고 했습니다. 이제 그에게 감사는 의무나 노력이 아닌, 숨 쉬는 것처럼 자연스러운 습관이 된 것입니다. 그와의 대화를 마치고 미래적인 분위기의 사무실을 나오며, 저는 '습관'이라는 보이지 않는 힘의 위대함을 다시금 생각했습니다. 가난했던 청년 시절, 그는 손에서 책을 놓지 않았던 '공부의 습관'으로 운명의 물줄기를 바꿨습니다. 그리고 성공한 리더가 된 지금, 그는 매일 감사함을 기록하는 '긍정의 습관'으로 자신의 삶과 주변을 기적으로 채워가고 있었습니다. 그의 인생은 그 자체가 하나의 거대한 증명이었습니다. 평범한 하루하루를 어떤 습관으로 채우느냐에 따라, 인생이 평범함에 머무를 수도, 기적이 될 수도 있다는 것을….

그의 이야기는 제 가슴에 조용한 질문을 던졌습니다. 당신의 오늘은 어떤 습관으로 채워져 있는가? 그리고 그 습관은 당신의 인생을 과연 어디로 이끌고 있는가? 라고.

감사와 습관의 열쇠

당신의 하루를 채우는 '습관'이 당신의 운명을 결정합니다. 인생의 기둥을 세우는 공부의 습관, 평범한 일상을 기적으로 만드는 감사의 습관으로 운명의 물줄기를 바꾸십시오. 평범한 하루하루를 어떤 습관으로 채우느냐에 따라, 당신의 인생은 평범할 수도, 기적이 될 수도 있습니다.

25

황금을 만드는 연금술사,
"기술은 거짓말하지 않는다"

'연금술'은 고대부터 중세까지 이어진 학문으로, 주로 비천한 금속을 금으로 변환하거나 불로장생의 약을 만드는 것을 목표로 했습니다. 물론 현대의 우리에게 그것은 헛된 꿈처럼 들리지만, 어쩌면 진정한 연금술사는 지금도 우리 곁에 있는지도 모릅니다. 다만 그들은 마법의 주문 대신 치열한 연구를, 신비한 약물 대신 정직한 땀을 사용할 뿐입니다. 평생을 '도금'이라는 한 우물에 바쳐, 금속에 새로운 생명과 가치를 불어넣는 남자, X 대표가 바로 그런 사람이었습니다. 그를 만나러 가는 길은, 화려한 성공 신화보다는 묵묵한 장인의 작업실을 찾아가는 듯한 기대를 품게 했습니다.

서울 외곽에 자리한 그의 공장은 첨단 산업 단지의 세련됨과는 거리가 멀었습니다. 공기 중에 섞인 미세한 약품 냄새와 쉴 새 없이 돌아가는 기계의 소음. 그것은 불편한 소음이 아니라, 무언가가 치열하게 창조되고 있음을 알리는 '창조의 향기'이자 '생명의 소리'였습니다.

사무실로 들어서자, 다부진 체격에 강직한 인상의 사내가 저를 맞았는데 X 대표였습니다. 악수를 위해 내민 그의 손은 투박하고 거칠었지만, 그 어떤 장신구보다 더 빛나는, 평생을 금속과 씨름해 온 장인의 자부심으로 단단했습니다. 손마디 곳곳에 팬 주름과 굳은살은, 그가 걸어온 길의 성실한 이력서와도 같았습니다. 그의 눈빛은 에누리를 모르는 장인의 그것처럼, 눈앞의 상대를 정확하게 가늠하고 판단하는 듯 예리하게 빛나고 있었습니다. 그는 군더더기 없는 목소리로 입을 열었습니다.

"먼 길 오셨습니다. 볼 것 없는 공장입니다만."

그의 겸손한 말과 달리, 사무실 한쪽 벽을 가득 채운 각종 인증서와 특허증은 그의 기술력이 결코 평범하거나 볼품없지 않음을 소리 없이 증명하고 있었습니다. 특히 국내 시계 산업의 전설이 된 한독 시계의 '핑크 골드'를 개발한 이가 바로 그였습니다.

"대표님께서는 우리나라 금도금 분야의 산증인이라고 들었습니다. 모두가 편하고 쉬운 길을 찾을 때, 어떻게 이 어렵고 험한 길에 들어서게 되셨는지, 그 시작이 궁금합니다."

"원래부터 도금을 하려던 것은 아니었습니다. 고등학교를 졸업하고 피스톤 만드는 공장에 취직했는데, 거기서 알루미늄으로 박격포를 만들어 내는 것을 보고 완전히 매료됐습니다. 말랑말랑하기만 한 금속이, 어떤 합금 기술을 만나 그토록 단단하고 강력한 무기가 될 수 있다는 사실이 어린 저에게는 경이로움 그 자체였죠. '아, 이게 진짜 기술이구나' 싶었습니다. 그래서 대학에서 금속을 전공했고, 교수님의 권유로 '도금'이라는 분야를 처음 접하게 된 겁니다. 잘 모르는 분야였지만, 해봐야겠다는 도전 의식 하나로 뛰어들었습니다."

"돈은 기술력이다", 남들이 가지 않는 길에서 기회를 찾다

그의 인생은 '기술'에 대한 순수한 경이로움과 매혹에서 시작됐습니다. 그는 남들이 알아주는 길이 아니라, 자신이 매료된 길을 묵묵히 걸었습니다. 익산 귀금속 단지의 다이아몬드 가공 회사를 거쳐, 한독 시계에 스카우트되면서 그의 이름은 업계에 본격적으로 알려지기 시작했습니다. 당시 적자였던 회사를 일으켜 세울 만큼 그의 기술은 독보적이었습니다.

"수많은 성공의 갈림길에서, 대표님의 인생을 결정적으로 바꾼 터닝 포인트는 무엇이었다고 생각하십니까?"

"터닝 포인트는 '생각을 바꾼 것', 그 자체입니다. 남들 다 넥타이 매고 편하게 일하려고 할 때, 저는 어려운 길, 남들이 가지 않는 길에 기회가 있다고 생각했습니다. 사회생활을 하면서 뼈저리게 깨달은 게 있어요. '돈은 기술력이다. 진짜 기술이 있으면 돈은 저절로 따라온다.' 내가 사장이 되려면, 남들이 결코 흉내 낼 수 없는 나만의 독보적인 기술이 있어야겠다고 마음먹은 순간, 그게 제 인생의 진짜 터닝 포인트였다고 봅니다."

그의 철학은 놀랄 만큼 단순하고 명쾌했습니다. 화려한 영업이나 마케팅이 아닌, 오직 '기술 개발'에만 모든 것을 거는 것이었습니다. 그는 '발상의 전환'을 통해 남들이 꺼리는 알칼리 도금 시스템을 개발하는 등, 언제나 새로운 길을 개척했습니다. 수백만 원짜리 18K 금 휴대폰 도금 문제를 다른 업체들이 몇 달간 헤매다가 결국 그를 찾아와 단번에 해결했던 일화는 그의 기술력이 어느 경지에 이르렀는지를 상징적으로 보여줍니다.

"제가 그 휴대폰을 만든 회사 사람들에게 이렇게 말했습니다. '생각을 조금만 바꾸면 답이 나오는데, 왜 그 생각을 바꾸지 않습니까.' 그들은 그제야 후회하더군요. 기술이라는 건 결국 고정관념을 깨는 것에서부터 발전하는 겁니다."

"대기업을 상대로도 어음은 일절 받지 않으시고, 오직 현금 거래만 고집하신다고 들었습니다. 대단한 자신감인데, 어떻게 그런 원칙을 지키는 것이 가능합니까?"

생각을 바꾸면 답이 보인다, 고정관념을 깨는 발상의 전환

그의 입가에 옅은 미소가 번졌습니다.

"자신감은 100% 기술력에서 나옵니다. 우리 물건이 아니면 안 되게 만들면 되는 겁니다. 가격 깎아달라는 업체는 상대도 안 합니다. 우리나 거래처나 언제 부도날지 어떻게 압니까. 우리 기술이 필요해서 찾아온 사람들에게는 당당하게 요구합니다. 한번은 한 대기업에서 우리 기술을 모방해 보려고 중국에서 1년 10개월 동안 막대한 돈을 쏟아부었지만, 결국 실패하고 돌아온 적도 있습니다."

그의 말에는 한 치의 망설임도, 과장도 없었습니다. 그것은 오만함이 아니라, 자신의 피와 땀으로 일군 기술에 대한 절대적인 믿음에서 나오는 뚝심이었습니다. 그는 직원들에게도 '기술', '신용', '정직' 세 가지를 항상 강조합니다. 특히 금을 다루는 업종의 특성상 서로를 믿지 못하면 일이 불가능하기에, 그는 아예 금고 열쇠를 직원에게 맡기고 정량을 넣지 않으면 시스템이 돌아가지 않도록 설계해 무한한 신뢰를 보여줍니다.

"요즘 청년들이 너도나도 스펙 쌓기에 열중하고 있습니다. 평생을 기술인으로 살아오신 분으로서, 젊은이들에게 어떤 조언을 해주고 싶으신지요?"

"스펙, 좋습니다. 그런데 그 스펙으로 뭘 할 건지 목표를 정하는 게 먼저입니다. 100가지 스펙을 쌓아도, 그게 필요한 자리는 100개 중 하나밖에 없어요. 나머지 99명은 다 쓸모없는 스펙이 되는 겁니다. 방향을 바꾸면 길이 보이는데, 그 방향을 바꿀 생각을 안 해요. 인생이라는 배의 키를 잡고 있는 선장은 바로 자기 자신인데 말입니다."

X 대표와의 대화는 마치 뜨거운 용광로 앞에 서 있는 듯한 기분이 들게 했습니다. 그는 세상의 어떤 편법이나 요행도 믿지 않았습니다. 오직 정직한 땀으로 담금질한 기술력만이 스스로를 증명하고, 세상의 인정을 받을 수 있다고 믿는 진짜 장인이었습니다. 공장을 나서며, 저는 그의 투박한 손을 다시 떠올렸습니다. 그 손은 단순히 제품을 만들어내는 손이 아니었습니다. 그것은 '기술은 결코 거짓말하지 않는다'라는 준엄한 진리를 평생에 걸쳐 증명해 온 세상에서 가장 정직하고 위대한 손이었습니다.

정직과 뚝심의 열쇠

돈이 아닌 기술을 좇으십시오. 누구도 흉내 낼 수 없는 독보적인 기술력이야말로 가장 강력한 무기이자 배신하지 않는 자산입니다. '기술은 결코 거짓말하지 않는다'라는 믿음으로 정직과 뚝심의 한길을 걸으십시오. 당신의 기술력이 독보적일 때, 세상이 먼저 당신을 필요로 할 것입니다.

26

사람의 마음과
운을 얻는 '관계의 힘'

성공한 리더의 모습을 떠올릴 때, 우리는 흔히 범접할 수 없는 카리스마를 지닌 지휘관이나 냉철한 천재 전략가를 상상합니다. 하지만 Y 대표는 그런 통념적인 이미지와는 조금 다른 곳에 서 있는 사람이었습니다. 그는 자신을 '장사꾼'이라 칭하는 것을 주저하지 않으며, 회사의 이름처럼 '팀워크' 즉, 사람과 사람 사이의 관계야말로 가장 위대한 성공의 자산이라 믿는 리더였습니다.

그를 만나기 위해 찾아간 곳은 그가 지닌 주력 브랜드의 한 직영점이었습니다. 저녁 영업을 준비하는 분주함 속에서도 직원들의 표정은 놀랍도록 밝고 활기찼습니다. 직원들 대부분이 아르바이트로 시작해 10년 가까이 함께하고 있다는 그의 말이 빈말이 아님을 분위기만으로도 느낄 수 있었습니다.

잠시 후, 편안한 차림의 Y 대표가 사람 좋은 웃음을 지으며 저를 맞았습니다. 그의 서글서글한 인상과 꾸밈없는 태도는 처음 만난 사람의 경계심마저 단번에 허물어뜨리는 묘한 매력이 있었습니다. 그의 주변에는 자연스럽게 사람들이 모여들 것 같은 따뜻한 기운이 감돌고 있었습니다.

"어서 오세요. 정신없죠? 저희는 늘 이렇게 북적거리며 일합니다."

자리에 앉자마자, 그는 자신의 어린 시절 이야기부터 스스럼없이 풀어놓았습니다. 마치 오래전부터 알고 지낸 사이처럼.

"저는 어릴 적부터 부모님께서 장사하시는 모습을 보고 자랐습니다. 전라도에서 축산업을 하셨는데, 소를 팔러 장에 다녀오신 아버지가 땀 흘려 번 현금을 세는 모습을 보면서, 노력한 만큼 정직한 대가를 받는 그 일에 큰 매력을 느꼈습니다. IMF 때 집이 어려워져 소를 전부 처분하고 서울로 올라와서는, 지하철역에서 김밥과 찹쌀떡을 팔아 현금 1억 원을 모으기도 했습니다. 제게 장사는 그냥 일이 아니라, 부모님께 물려받은 삶의 방식이자 유일한 꿈이었습니다."

그의 성공 신화는 결코 혼자서 이룩한 것이 아니었습니다. 그의 이야기 곳곳에는 '사람'이 있었고, 그 중심에는 아내가 있었습니다.

"제 인생의 가장 결정적인 터닝 포인트는 단연코 '결혼'이었습니다. 아내를 만나지 못했다면, 지금의 저는 절대로 없었을 겁니다. 제가 남의 가게에서 일할 때 아르바이트생으로 처음 만났는데, 제가 제 가게를 차리고 사업을 하는 내내 아내가 옆에서 묵묵히 저를 받쳐주고 이해해 주었습니다. 집에 가면 마음이 편안하게 안정되도록 내조를 정말 잘해줬어요. 그 든든한 안정감 덕분에 제가 아무 걱정 없이 바깥일에만 전념할 수 있었죠. 혼자였다면 결코 여기까지 오지 못했을 겁니다."

관계 속에서 기회를 만드는 '운칠기삼(運七技三)'

그의 '사람 중심' 철학은 직원들을 대하는 방식에서 더욱 빛을 발합니다. 그의 회사에는 2008년 창업 멤버를 비롯해 10년 넘게 함께하는 직원들이 수두룩합니다. 그는 높은 연봉이나 화려한 보너스가 아닌, 진심 어린 '믿음'과 함께 성장하는 '미래'로 사람의 마음을 얻는다고 말했습니다.

"저는 돈으로 살 수 있는 인재를 지향하지 않습니다. 대신 절실한 친구들을 뽑아서 그들이 가진 재능을 키워주고 싶습니다. 저는 문제가 있는 직원에게 절대 '마침표'를 찍지 말라고 이야기합니다. 대신 '쉼표'를 찍고 잠시 쉬어가라고, 유급휴가를 주기도 하죠. 호랑이 굴 피하면 늑대 굴 만나는 게 인생인데, 어린 친구들이 그런 시행착오를 겪으며 나이만 먹어가는 걸 막아주고 싶습니다. 당장 돈을 많이 주지는 못하지만, 대신 회사의 지분도 나누고 사업자도 공유하면서 함께 성장하는 미래를 보여주려고 합니다."

그가 가장 좋아하는 사자성어는 '운칠기삼(運七技三)'이라고 합니다. 하지만 그는 이 말을 남들과는 전혀 다르게 해석합니다.

"사람들은 운이 7할, 노력이 3할이라고 하면, 감나무 밑에 입 벌리고 누워 감 떨어지기만 기다리는 것을 운이라고 착각합니다. 하지만 진짜 운은, 내가 노력해서 만든 환경 속에서 찾아오는 것입니다. 내가 부지런히 외부 활동을 하면서 좋은 사람들을 만나야 투자자도 생기고 도움도 받을 수 있는 것 아니겠습니까? 아무것도 하지 않고 소극적으로 가만히 있으면 그런 운이 생길 리가 만무하죠. 그래서 저는 청년들에게 말하고 싶습니다. 제발 마침표 찍지 말고, 다양한 환경에 자신을 적극적으로 던져서 운이 찾아올 기회를 스스로 만들라고요."

Y 대표와의 대화는 마치 시원한 생맥주 한 잔을 마신 것처럼 유쾌하고 진솔했습니다. 그는 성공을 위해 사람을 도구로 쓰는 냉철한 경영자가 아니었습니다. 오히려 사람과 사람 사이의 따뜻한 관계와 끈끈한 믿음이야

말로 성공을 만드는 가장 단단한 토양이라고 믿는, 진정한 '팀 플레이어'였습니다. 그의 이야기는 우리에게 성공의 본질에 대해 다시 한번 생각하게 했습니다. 결국 모든 일은 사람이 하는 것이며, 진심으로 사람의 마음을 얻는 자가 결국 모든 것을 얻게 된다는 평범하지만 가장 강력한 진리를 말입니다.

관계의 열쇠

성공은 결코 혼자 이룰 수 없습니다. 사람을 가장 귀한 자산으로 여기고, 진심 어린 믿음으로 당신의 팀을 만드십시오. 운은 기다리는 것이 아니라 스스로 만드는 것입니다. 부지런히 사람을 만나고 관계를 맺는 노력 속에서 기회와 행운이 찾아옵니다.

27

위대한 평범함,
터닝 포인트가 없는 삶의 지혜

우리는 성공한 사람들의 이야기에서 늘 어떤 특별한 계기, 즉 '터닝 포인트'를 찾으려 합니다. 절망의 나락에서 그를 건져 올린 운명적인 만남, 혹은 잠자던 거인을 깨운 극적인 사건 같은 것들 말입니다. 우리는 그런 드라마틱한 서사에 열광하며, 자신의 인생에도 언젠가 그런 한 방이 찾아오리라 막연히 기대하는지도 모릅니다. 저 역시 그랬습니다. 경제 위기라는 집채만 한 파도를 두 번이나 넘어선 강소기업의 수장을 만나러 가는 길, 제 머릿속은 온통 그의 인생을 바꿔놓았을 '결정적 순간'에 대한 호기심으로 가득 차 있었습니다.

Z 대표가 경영하는 공장은 대한민국 제조업의 심장처럼, 묵직하고 규칙적인 고동 소리를 내며 살아 움직이고 있었습니다. 거대한 프레스 기계가 육중한 소리를 내며 철판을 찍어내고, 용접 불꽃이 쉴 새 없이 터지는 현장의 치열한 열기 속에서, 수십 년간 한자리를 지켜온 낡은 기계들과 저마다의 자리에서 묵묵히 땀 흘리는 사람들의 모습은 이 작은 거인이 어떤 힘으로 세월의 풍파를 견뎌왔는지를 짐작하게 했습니다.

그 모든 역동성의 중심에서 저를 맞이한 Z 대표의 첫인상은, 아이러니하게도 '고요함'이었습니다. 마치 깊은 산속의 오래된 나무처럼, 그는 요란하게 자신을 드러내지 않으면서도 압도적인 존재감을 뿜어냈습니다. 수십 년간 기계를 만져왔을 그의 손은 투박했지만, 사람을 바라보는 그의 눈빛은 더없이 온화했습니다. 그와 마주 앉은 회의실 창 너머로 보이는 분주한 공장의 풍경은, 마치 그의 내면과 외면을 동시에 보여주는 듯했습니다. 밖으로는 치열하게 움직이지만, 안으로는 조금의 흔들림도 없는 평정심. 그것이 바로 Z라는 사람, 그리고 Z라는 기업의 본질일 터였습니다.

"먼 길 오시느라 고생 많으셨습니다. 내세울 것도 없는 평범한 공장인데, 이렇게 찾아주시니 오히려 제가 쑥스럽습니다."

위기를 기회로 바꾼 '개미 철학'

겸손한 인사말과 함께 그는 직접 차를 내어주었습니다. 저는 따뜻한 찻잔의 온기를 느끼며, 곧바로 가장 궁금했던 질문을 던졌습니다.

"대표님, 모두가 쓰러져 나간 IMF 외환위기 때 오히려 300% 성장을 기록하셨습니다. 2008년 국제금융 위기 때도 마찬가지였고요. 그 놀라운 저력의 비밀은 무엇입니까? 모두가 위기라고 말할 때, 대표님은 무엇을 보고 어떤 다른 길을 걸으셨던 겁니까?"

제 질문에 그는 잠시 창밖을 바라보았습니다. 그의 시선은 굉음을 내며 움직이는 기계 너머, 대한민국 산업의 지난 역사를 향해 있는 듯했습니다. 잠시 후, 그가 입을 열었습니다.

"비결이라고 할 만한 것이 있겠습니까. 저는 그저 개미처럼 꾸준히 한 길만 걸어왔을 뿐입니다."

개미라니, 예상치 못한 너무나 평범한 대답에 저는 순간 할 말을 잃었습니다. 사자나 호랑이가 아닌, 개미라니. 하지만 그의 이어지는 설명을 들으며, 저는 그 '개미 철학'이야말로 위기를 기회로 만드는 가장 위대한 지혜임을 깨달을 수 있었습니다.

"경기가 좋다고 무리하게 사업을 확장하고 외부 자본을 끌어들이면, 위기가 닥쳤을 때 가장 먼저 무너집니다. 잔뜩 불어난 이자 비용과 고정비라는 거대한 짐을 감당할 수 없기 때문이죠. 제 주변에서 사라져간 기업들은 모두 덩치가 큰 기업들이었습니다. 저는 그저 저희가 가장 잘할 수 있는 일, 우리 기술로 만들어낼 수 있는 제품에만 집중했습니다. 날이 좋다고 겨우내 먹을 양식을 잊지 않는 개미처럼, 외부 환경에 흔들리지 않고 기업의 내실을 다지는 데만 집중한 겁니다. 그렇게 저희의 길을 묵묵히 가다 보니, 경쟁사들이 위기로 쓰러져 나간 자리가 오히려 저희에게는 기회로 돌아온 셈입니다."

하루하루를 쌓아 올린 위대한 평범함

그의 이야기는 단순했지만, 본질을 꿰뚫는 힘이 있었습니다. 모두가 화려한 비상을 꿈꿀 때, 그는 땅속에 튼튼한 집을 짓는 일에 몰두했습니다. 그리고 폭풍우가 몰아치자, 뿌리 없이 높이 솟아오른 나무들은 쓰러졌지만, 그의 집은 안전했습니다. 저는 그의 단단한 신념이 어디에서 비롯되었는지, 그의 개인적인 삶의 여정이 궁금해졌습니다.

"대표님의 삶에도 분명 결정적인 전환점, 이른바 '터닝 포인트'가 있었을 것 같습니다. 이토록 확고한 '개미 철학'을 갖게 된 특별한 계기가 있으셨습니까?"

제 질문에 그는 다시 한번 고개를 저으며 옅은 미소를 지었습니다. 그 미소는 '또 그 질문이군요'라고 말하는 듯했습니다.

"많은 분이 그걸 물어보시는데, 사실 저는 제 인생에서 터닝 포인트라고 기억나는 게 없습니다. 무슨 다른 것으로 전환하고 그럴 만한 계기가 없었던 것 같아요. 저는 어렸을 때 무진장 가난했거든요. 차비가 없어서 학교도 못 갈 정도로요. 그런 저에게는 다른 길을 돌아볼 여유도, 전환점을 생각할 사치도 없었습니다. 그저 중학교 때 우연히 설계를 배우고 '아, 이게 재미있다'라고 느낀 후, 일단 이 길로 들어선 다음에는 단 한 번도 다른 것을 생각해 본 적이 없습니다."

터닝 포인트가 없다는 그의 고백, 그것은 제 안에 있던 '성공'에 대한 고정관념을 송두리째 흔드는 충격이었습니다. 인생이란 본디 크고 작은 변곡점들의 합으로 이루어진다고 믿었던 저에게, 그의 삶은 전혀 다른 방식의 가능성을 보여주고 있었습니다. 그의 인생에는 극적인 한 방이 없었습니다. 대신, 성실하게 쌓아 올린 하루하루가 있었을 뿐이었습니다. 그는 화려한 '대박'은 세상에 없다고 믿고 있었습니다. 63빌딩이 처음부터 높았던 것이 아니듯, 인생도 기업도 한 단계 한 단계 벽돌을 쌓아 올리듯 나아가야만 결코 무너지지 않는 성공을 이룰 수 있다고 그는 거듭 강조했습니다.

Z 대표와의 대화를 마치고 공장을 나서는 길, 저는 오랫동안 그 자리에 서서 굉음과 함께 움직이는 공장을 바라보았습니다. 그의 성공 신화에는 세상을 놀라게 한 영웅이나 판을 뒤엎은 극적인 사건이 등장하지 않았습니다. 그저 자기 일을 사랑하고, 정직한 땀의 가치를 믿으며, 어떤 유혹과 위기에도 흔들리지 않고 자신의 길을 걸어온 한 성실한 인간의 이야기가 있을 뿐이었습니다. 그는 우리에게 자신의 삶 전체로 가르쳐주고 있었습니다. 인생의 가장 위대한 터닝 포인트는, 어쩌면 터닝 포인트 없이 날마다 충실하게 살아내는 그 위대한 평범함 자체에 있는 것인지도 모른다고

말입니다.

성실의 열쇠

인생의 가장 위대한 터닝 포인트는, 터닝 포인트 없이 매일을 충실하게 살아내는 위대한 평범함 그 자체입니다. 화려한 '대박'을 좇기보다, 개미처럼 성실하게 자신의 길을 한 걸음씩 나아가십시오. 위기의 파도는 실속 없이 덩치만 큰 배를 집어삼키지만, 내실 있게 다져진 작은 배는 어떤 폭풍우도 헤쳐 나갈 수 있습니다.

28

인생의 주인으로 사는
'가정 행복 코치'의 성공 철학

 푸른 숲 사이를 가로지르는 와이어에 몸을 싣고 하늘을 나는 레포츠, 그 이름만 들어도 가슴 뛰는 짜릿함과 역동적인 에너지가 느껴지곤 합니다. 아시아 최초로 대한민국에 레포츠를 들여온 기업의 리더를 만나러 가는 길, 저는 당연히 거침없는 승부사이자 강인한 카리스마를 지닌 인물을 상상했습니다. 하지만 약속 장소에 나타난 a 부회장은, 제 모든 예상을 기분 좋게 무너뜨렸습니다. 그는 자신을 성공한 기업가보다 '가정 행복 코치'로 불릴 때 더 행복한 미소를 짓는, 따뜻하고 유쾌한 사람이었습니다.

 그와의 만남은, 성공의 정의를 뿌리부터 다시 생각하게 하는 시간이었습니다. 우리는 흔히 일에서의 성취와 가정의 행복을 별개의 영역으로, 때로는 하나를 얻기 위해 다른 하나를 희생해야 하는 제로섬 게임으로 여깁니다. 하지만 그는 일과 가정, 두 마리 토끼를 모두 잡은 것이 아니라, '주도적인 삶'이라는 하나의 강력한 원칙으로 두 영역을 모두 성공적으로 경영하고 있었습니다.

 "부회장님께서는 성공한 기업가이신데, 왜 자신을 '가정 행복 코치'라

칭하며 그 역할을 더 중요하게 생각하시는지 궁금합니다. 보통은 일에서의 성공을 더 자랑스러워하지 않습니까?"

제 질문에 그는 환하게 웃으며, 자신의 인생을 180도 바꿔놓은 20여 년 전의 어느 날을 회상했습니다. 그의 이야기는, 한 남자의 인생에서 가장 위대한 혁명은 때로 가장 가까운 곳에서, 가장 사랑하는 사람의 작은 요청에서 시작될 수 있음을 보여주었습니다.

"저라고 처음부터 완벽한 남편, 완벽한 아빠였던 것은 아닙니다. 20여 년 전, 저는 회사 일에만 미쳐 사는 전형적인 한국의 가장이었습니다. 승진과 성공만이 제 인생의 목표였고, 가정은 그저 지친 몸을 누이는 휴식처 정도로만 생각했죠. 그러던 어느 날, 아내가 조심스럽게 부부 세미나에 같이 가자고 하더군요. 솔직히 내키지 않았습니다. 바쁜데 그런 곳에 갈 시간이 어디 있냐며 퉁명스럽게 대꾸했죠. 하지만 아내의 간절한 눈빛을 외면할 수 없어 마지못해 따라나섰습니다. 그리고 그 2박 3일의 세미나가, 제 인생의 패러다임을 통째로 뒤흔들었습니다."

그는 마치 어제의 일처럼 그 순간의 충격을 생생하게 떠올렸습니다.

"가정의 리더는 바로 나 자신이라는 것을 그때 처음으로, 아주 절실하게 깨달은 겁니다. 회사의 리더가 되기 위해 그토록 애쓰면서, 정작 내 인생의 가장 중요한 조직인 가정에서는 방관자에 불과했다는 사실이 너무나 부끄러웠습니다. 그것이 제 인생의 가장 중요한 터닝 포인트였습니다."

가정의 리더로 거듭난 순간, 인생의 패러다임을 바꾸다

그 깨달음의 순간 이후, 그는 변하기 시작했습니다. 그는 가정의 행복을 위해 스스로 공부하고, 아내와 소통하며, 문제를 해결해 나가는 '주도적인 리더'가 되었습니다. 흥미로운 점은, 가정에서 발휘된 그의 '주도성'

이 직장 생활의 위기 속에서 더욱 강력한 힘을 발휘했다는 점입니다.

"돌이켜보면 저는 항상 위기를 만났을 때 회피하지 않고 정면으로 부딪쳐왔던 것 같습니다. 첫 직장에서 저를 사사건건 괴롭히던 상사가 있었는데, 회사를 그만둘지 고민하다가 오히려 그분에게 정면으로 다가가 저의 열렬한 지지자로 만들었습니다. 부장 시절에는 억울하게 지방으로 좌천되었지만, 그것을 '그만두라'라는 신호로 받아들이지 않고 '나를 증명할 기회'로 삼았습니다. 죽기 살기로 일해 8개월 만에 목표를 달성하고 본사로 당당하게 복귀했죠. IMF 때 회사가 부도나 모두가 떠났을 때도, 저 혼자 남아 8년간의 노력 끝에 회사를 살려냈습니다."

그의 이야기는 한 편의 드라마 같았습니다. 가정에서의 위기든, 직장에서의 위기든, 그는 결코 환경을 탓하며 주저앉지 않았습니다. 문제의 본질을 파악하고, 해결을 위해 적극적으로 행동하는 '인생의 주인'으로서 살아왔던 것입니다. 그가 청년들에게 전하는 메시지 역시 명확하고 힘이 있었습니다.

"저는 청년들에게 '인생의 주인은 바로 나'라는 것을 강조하고 싶습니다. 사람이 동물과 다른 점은 태어난 대로 살지 않는다는 겁니다. '네가 허접한 가문에 태어난 건 잘못이 아니지만, 자식에게 허접한 가문을 물려주는 건 네 잘못이다'라는 말이 있습니다. 현실이 아무리 힘들더라도, 신세 한탄만 하고 있어서는 아무것도 달라지지 않습니다. 끌려가는 인생이 아니라, 이끌고 가는 인생을 살아야 합니다."

a 부회장과의 대화를 통해, 저는 성공적인 삶이란 일과 가정의 균형을 맞추는 것을 넘어, 삶의 모든 영역에서 '주인'으로 살아가는 태도에 달려 있음을 깨달았습니다. 그는 자신의 인생이라는 회사의 CEO였습니다. 가

정과 직장이라는 중요한 두 부서를, '주도성'과 '책임감'이라는 일관된 경영 철학으로 멋지게 이끌고 있었습니다. 그의 이야기는 우리에게 묻고 있었습니다. "당신은 지금, 당신 인생의 주인으로 살고 있습니까?!"

준비의 열쇠

끌려가는 인생이 아니라, 당신이 이끌어 가는 인생을 살아야 합니다. 직장에서든 가정에서든, 문제에 정면으로 맞서 위기를 기회로 만드는 주인의식을 가지십시오. 호랑이처럼 멀리 보고 소처럼 묵묵히 걸어가는 준비된 자만이 인생의 주인이 될 수 있습니다.

29

재능이 '확신'이 되는 순간, 인생의 항로는 바뀐다

 '순수하고 세련된'이라는 의미가 있는 그의 메이크업 스튜디오는, 이름처럼 섬세하고 감각적인 아름다움이 공기 중에 떠다니는 공간이었습니다. 서울의 가장 화려한 거리인 압구정 로데오거리 그곳은 누군가에게는 욕망의 경연장이지만, 그에게는 누군가의 가장 빛나는 순간을 창조하는 예술의 아틀리에였습니다. 저는 그곳에서 한 남성 아티스트를 기다리고 있었습니다. 안정된 건축학도의 길을 버리고, 여성의 아름다움을 창조하는 세계로 뛰어든 그의 삶은 과연 어떤 색깔의 물감으로 채색되어 왔을까 궁금했습니다.

 잠시 후 스튜디오로 들어선 b 대표는, 아티스트 특유의 예민한 감수성과 사업가로서의 차분한 이성을 동시에 지닌 사람이었습니다. 남성 아티스트가 흔치 않던 시절부터 15년간 한 길을 걸어온 그의 얼굴에는, 자기 일에 대한 조용한 자부심과 단단한 확신이 어려 있었습니다. 그가 생각하는 자신의 경쟁력은 단순하고도 명확했습니다. '고객을 가장 예뻐 보이게 만드는 능력', 즉 누구도 흉내 낼 수 없는 압도적인 기술력입니다.

"모든 서비스업이 그렇겠지만, 결국 실력의 차이가 경쟁력을 만듭니다. 고객들이 수많은 가게 중에서 저희를 찾는 이유는 단 하나, '이곳에 가면 다른 곳보다 훨씬 더 예뻐질 수 있다'라는 믿음 때문이거든요. 그 믿음을 현실로 만들어드리는 것이 바로 저희의 기술력이고, 저는 그 기술력을 키우는 데 모든 것을 집중하고 있습니다."

그의 말에는 자신의 재능에 대한 깊은 신뢰가 담겨 있었습니다. 저는 그 재능을 처음 발견하고, 그것을 평생의 업으로 삼기로 결심하게 된 계기가 궁금해졌습니다. 그의 선택은, 단순히 직업을 바꾼 것이 아니라, 자신의 인생 항로를 완전히 새로 설정한 것이었기 때문입니다.

"건축을 전공하다가 어떻게 메이크업 아티스트의 길을 걷게 되셨습니까? 전혀 다른 분야인데, 안정된 길을 포기하고 새로운 도전을 하는 것이 두렵지는 않았습니까?"

건축학도에서 아티스트로, '내가 가장 잘할 수 있는 일'을 찾다

제 질문에 그는 잠시 과거를 회상하는 듯 미소를 지었습니다. 그의 이야기는 불확실한 미래 앞에서 고뇌하던 한 청년의 모습에서 시작되었습니다.

"군대에서 책을 읽으며 '과연 내가 뭘 가장 잘할 수 있을까?' 하는 근원적인 고민에 빠졌습니다. 그러다 문득, 어렸을 때부터 유독 그림 그리기를 좋아해서 건축을 전공하게 됐다는 데 생각이 미쳤습니다. 사람의 얼굴에 그림을 그리는 메이크업 역시, 제가 가진 재능을 발휘할 수 있는 분야가 아닐까 하는 생각이 들었죠. '내 인생이 어찌 될지 모르니, 일단 한번 배워보자.' 그런 마음으로 제대 후에 무작정 메이크업 학원에 등록했습니다."

하지만 시작은 호기롭지 않았습니다. 디자인 감각은 자신이 있었지만,

오랜 시간 화장을 해 온 여성들의 숙련된 손기술을 단기간에 따라가는 것은 벅찼습니다. '남자가 무슨 메이크업이냐?'라는 주변의 시선도 부담스러웠습니다. 그는 자신의 선택이 틀렸을지도 모른다는 불안감 속에서, 남들보다 몇 배의 시간을 투자하며 연습에 매달렸습니다. 그리고 6개월 후, 그의 인생을 바꿀 결정적인 터닝 포인트가 찾아왔습니다.

"제 실력을 객관적으로 검증받고 싶다는 오기가 생겼습니다. 그래서 가장 큰 메이크업 대회 중 하나에 출전하게 됐죠. 그런데 웨딩 메이크업 부문에서 제가 덜컥 1등을 한 겁니다. 제 이름이 호명되는 순간, 온몸에 소름이 돋았습니다. 그때의 기분은 지금도 잊을 수가 없습니다. '아, 내가 정말 이 분야에 재능이 있구나. 이건 내 길이 될 수 있겠다.' 그 순간, 안개처럼 막연했던 가능성이 태양처럼 뜨겁고 단단한 '확신'으로 바뀌었습니다. 그 확신이 없었다면, 아마 저는 불안감을 이기지 못하고 다시 건축학도로 돌아갔을지도 모릅니다."

그에게 터닝 포인트는 메이크업을 시작한 그 자체가 아니라, 자신의 재능을 객관적으로 인정받고 스스로 '확신'을 가지게 된 바로 그 순간이었습니다. 그 짜릿한 성공의 경험은 건축학도라는 안정된 미래를 과감히 포기하고, 불확실하지만 가슴 뛰는 아티스트의 길로 들어설 수 있는 용기를 주었습니다. 그는 자신의 경험을 바탕으로, 길을 잃고 방황하는 청년들에게 진심 어린 조언을 건넸습니다.

"저는 청년들에게 자기가 정말 '잘할 수 있는' 분야의 일을 하라고 말씀드리고 싶습니다. 사람은 자기가 잘한다는 이야기를 들을 때 가장 기분이 좋고, 자신감이 생깁니다. '너는 이걸 정말 잘하는구나'라는 칭찬 한마디가 한 사람의 인생을 바꿀 수도 있습니다. 그렇게 쌓인 자신감이 결국 자아실현으로 이어지고, 수익으로도 연결되는 것이죠."

  b 대표와의 대화는, 재능과 노력, 그리고 '확신'이라는 세 가지 요소가 어떻게 한 사람의 인생을 극적으로 변화시키는지를 보여주었습니다. 누구나 자신만의 재능을 가지고 태어나지만, 대부분은 그것을 발견하지 못하거나, 발견하더라도 확신을 갖지 못해 평범한 길을 걷습니다. 그는 자신의 재능을 알아보기 위해 과감히 새로운 길에 도전했고, 피나는 노력으로 그것을 증명했으며, 마침내 '1등'이라는 눈부신 보상을 통해 누구도 꺾을 수 없는 확신을 얻었습니다. 그의 이야기는 우리에게 묻고 있었습니다. 당신의 심장 깊은 곳에 잠자고 있는 재능은 무엇입니까? 그리고 당신은 그 재능을 온 세상을 향해 터뜨릴 수 있는, 단 한 번의 뜨거운 '확신'을 가질 준비가 되어 있습니까?

확신의 열쇠

내가 무엇을 잘할 수 있는지 끊임없이 탐색하고, 재능을 발견했다면 남보다 몇 배의 노력으로 그것을 증명하십시오. 세상이 당신의 재능을 인정하는 그 순간, 막연한 가능성은 단단한 확신이 되어 인생의 항로를 바꿀 것입니다. 그 뜨거운 확신이야말로 흔들리지 않는 성공의 가장 단단한 초석이 됩니다.

30

고민 대신 행동으로
길을 연, '20대 젊은 거인'

젊음은 그 자체로 무한한 가능성입니다. 실패를 두려워하지 않는 무모한 도전과 세상을 바꿀 듯한 뜨거운 열정은 젊음이 가진 가장 큰 특권일 것입니다. c 대표는 20대라는 젊은 나이에 창업해 10년 만에 250개가 넘는 가맹점을 성공시킨, 우리 시대의 '젊은 거인'입니다. 그의 성공 스토리는 '요즘 젊은 사람들은…'이라는 기성세대의 막연한 우려를 보기 좋게 날려버리는 통쾌하고 짜릿한 반전 드라마와도 같았습니다.

그를 만나기 위해 찾아간 사무실은 젊고 역동적인 에너지로 심장처럼 뛰고 있었습니다. 30여 명의 젊은 직원들이 각자의 자리에서 열정적으로 업무에 몰두하는 모습에서, 회사를 이끄는 리더의 색깔이 어떠한지를 단번에 짐작할 수 있었습니다.

잠시 후, 30대라고는 믿기지 않는 깊이와 자신감을 지닌 c 대표가 나타났습니다. 그의 눈빛에서는 미래 시장을 향한 뜨거운 야망과, 수많은 위기를 헤쳐 나오며 다져진 경영자의 노련함이 함께 빛나고 있었습니다.

"반갑습니다. 이렇게 찾아주셔서 감사합니다."

그는 젊은 나이에 이룬 눈부신 성공에 대해 이야기하면서도 결코 자만하거나 들뜨는 기색이 없었습니다. 오히려 그 이면에 숨겨진 끊임없는 고민과 성찰의 흔적이 그의 말 한마디 한마디에 묻어났습니다.

"사람들은 제가 실패 없이 너무 쉽게 성공했다고 말하기도 합니다. 하지만 저 역시 가장 밑바닥부터 시작했습니다. 원래 제 꿈은 개그맨이었습니다. 레크리에이션 MC도 하고, 피에로 탈도 쓰면서 사람들을 웃기는 일이 좋았죠. 하지만 안정적인 생계유지가 어려워 결국 요리를 배우게 됐습니다. 그게 제 인생의 첫 번째 터닝 포인트였죠. 그리고 제 치킨집을 차려 주방에서 직접 일하다가, 메뉴 개발만큼 고객 관리가 중요하다는 것을 깨닫고 홀로 나왔습니다. 가게를 '대박집'으로 만들면서 저는 요리사보다는 경영자가 제게 더 맞는 길이라는 것을 비로소 알게 됐습니다. 그게 제 인생의 두 번째 터닝 포인트였습니다."

그에게 터닝 포인트는 한 번이 아니었습니다. 인생의 중요한 고비마다 그는 주저앉는 대신 과감한 변신을 택했습니다. 그리고 세 번째 터닝 포인트는 '결혼'이었습니다. 가정을 이루면서 그는 리더로서 더 큰 책임감을 느끼고 한 단계 더 성장하게 되었다고 고백했습니다.

"총각 시절에는 저 자신과 회사의 성공만 생각했습니다. 그런데 가정이 생기고 아이가 태어나니 시야가 넓어지더군요. 직원이 결혼한다고 하면 '돈도 많이 필요할 텐데, 휴가도 하루이틀 챙겨줘야겠다'라는 생각을 먼저 하게 됐습니다. 리더로서 더 넓게 보고 배려하게 된 거죠. 회사의 성장을 위해서는 결국 사람이 가장 중요하다는 것을 깨달았기 때문입니다. 저는 사람에게 투자하면 그 사람이 새로운 기술과 상품을 만들어낼 것이라고 굳게 믿습니다."

두려움을 두려워하지 마라, 생각보다 중요한 것은 행동이다

그의 사람에 대한 믿음은 독특한 채용 방식에서도 그대로 드러납니다. 그는 지원자의 화려한 이력서나 스펙을 보지 않습니다. 대신 면접 자리에서 이렇게 묻는다고 합니다.

"꿈이 있습니까?"

"대부분의 지원자는 당황하며 구체적인 꿈이 없다고 머쓱해합니다. 그러면 저는 오히려 그 꿈 없음을 칭찬합니다. 그리고 이렇게 제안하죠. '잘 됐네요. 꿈이 없으니, 이제부터 저와 같은 꿈을 꿔보면 어떻겠습니까?' 과거의 이력보다는, 앞으로 우리 회사에서 얼마나 잘할 수 있을지 그 사람의 눈빛과 대화를 통해 무한한 가능성을 봅니다."

그는 성공의 비결로 '열정'과 '성공하는 습관'을 꼽았습니다. 몇 해 전 읽은 작은 책에서 '성공을 하는 것이 하나의 습관이 되면, 그 습관이 항상 성공할 수 있다는 자신감을 만들어준다'라는 구절을 마음에 깊이 새겼다고 합니다. 그리고 그 단단한 자신감을 바탕으로, 이 시대의 청춘들에게 가장 해주고 싶은 말은 '생각보다 행동이 중요하다'라는 것이었습니다.

"요즘 젊은이들에게 꼭 해주고 싶은 말이 있습니다. 두려움을 두려워하지 마세요. 생각보다 중요한 건 행동입니다. 이게 내 적성에 맞는 일일까, 실패하면 어떡하지, 머리로만 고민하는 시간이 너무 길어요. 그러기보다는 직접 부딪쳐보고 몸으로 경험해 보는 것이 훨씬 정확한 답을 줍니다. 설령 머리가 '아니'라고 판단했던 일이라도, 일단 해보고 나면 그 값진 경험이 또 다른 비결이 되어 내 안에 남습니다. 그러니 너무 고민하지 말고, 일단 도전해 보세요!"

c 대표와의 대화는 잠자고 있던 심장을 다시 뛰게 만드는 뜨거운 열정과 에너지로 가득했습니다. 그는 현실에 안주하지 않는 젊은 피로 끊임없이 자신을 채찍질하며, 자신의 한계와 세상의 편견에 용감하게 맞서 싸우고 있었습니다. 그는 단순히 성공한 젊은 CEO이기 이전에, '끝내 이루리라'는 굳은 믿음 하나로 자신만의 길을 개척해 나가는, 우리 시대의 희망을 보여주는 진짜 청년이었습니다. 그의 마지막 조언이 귓가에 오랫동안 우렁차게 맴돌았습니다. 생각보다 중요한 것은 행동이라고, 일단 저질러 보라고. 그 무모해 보이는 용기야말로, 젊음이 가진 가장 위대하고 찬란한 힘이라고 말입니다.

자신감의 열쇠

두려움을 두려워하지 마십시오. 고민보다 중요한 것은 행동이며, 직접 부딪쳐 얻은 경험이야말로 실패 없는 자산입니다. 작은 성공을 습관으로 만들어, 항상 성공할 수 있다는 단단한 자신감을 쌓으십시오. 당신의 뜨거운 열정과 꺾이지 않는 자신감이 결국 새로운 길을 열어줄 것입니다.

{ 4부 }

위기의 순간, 인생의 방향을 틀다

THE
SECRET TO
CREATING YOUR
OWN LUCK

인생의 가장 결정적인 순간은 예상치 못한 위기나 우연한 만남, 사소한 경험 속에서 찾아옵니다. 절망의 나락에서 길어 올린 진심, 고난의 시간을 견디는 굳건한 인내, 그리고 사람을 향한 따뜻한 믿음이 평범한 삶을 비범한 성공으로 이끄는 열쇠가 됩니다. 남들이 정해놓은 길이 아닌, 마음이 이끄는 길을 용기 있게 걸어갈 때 운명은 비로소 새로운 기회의 문을 열어줄 것입니다. 당신의 삶을 바꿀 위대한 전환점은 바로 지금, 당신이 마주한 현실 속에 숨어 있습니다.

31

우연히 만든
커뮤니티의 힘

우리는 정보의 홍수 속에서 살아갑니다. 손가락 하나만 움직이면 세상의 모든 지식과 정보를 얻을 수 있는 시대. 하지만 아이러니하게도, 우리는 여전히 '진짜 정보'에 목말라합니다. 특히 자녀의 미래가 걸린 교육 문제 앞에서 부모들은 더욱 간절해집니다. 바로 그 갈증을 해결하기 위해, 흩어져 있던 교육의 모든 것을 한곳에 모으겠다는 담대한 꿈을 꾼 남자가 있습니다. 교육 종합 플랫폼을 이끄는 A 대표입니다.

그가 일하는 판교의 사무실은, 젊은 기업 특유의 자유롭고 활기찬 에너지로 가득했습니다. 칸막이 없는 개방된 공간에서 자유롭게 의견을 나누는 직원들의 모습과 벽면을 가득 채운 아이디어 스케치들은 이곳이 살아 숨 쉬는 유기체와 같은 공간임을 느끼게 했습니다. 잠시 후, 편안한 캐주얼 차림의 A 대표가 환한 미소로 저를 맞았습니다. 그의 젊은 얼굴에서는 10년간 IT 업계에서 다져진 날카로운 통찰력과, 새로운 시장을 개척하는 스타트업 CEO의 뜨거운 열정이 동시에 느껴졌습니다.

"어서 오십시오. 이런 작은 곳까지 찾아주셔서 감사합니다."

그는 자신을 낮췄지만, 자기 일과 동료들에 대한 자부심은 숨기지 않았습니다. 세계 최고 수준의 교육열, 하지만 그 이면에 존재하는 정보의 불균형과 경제적 격차에 따른 교육 기회의 차별. 그는 바로 이 문제의식에서 자신의 사업이 시작되었다고 말했습니다.

"막상 공부를 시작하려고 하면, 온라인에서 믿고 찾아갈 만한 대표 사이트가 없다는 것이 현실입니다. 그래서 생각했습니다. 교육에 관한 모든 상품과 정보, 서비스를 한곳에 모아 투명하게 제공하고, 사람들이 서로 소통하며 성장하는 '교육 생태계'를 만들어보면 어떨까. 그것이 시작이었습니다."

그의 비전은 명확했습니다. 단순히 교육 상품을 파는 커머스를 넘어, 사람과 정보를 연결하는 '플랫폼'이 되겠다는 것이었습니다. 그 비전을 현실로 만든 힘의 원천은 어디에서 나왔을까? 저는 그의 개인적인 여정이 궁금해졌습니다.

"대표님의 삶을 바꾼 결정적인 터닝 포인트는 무엇이었습니까? 지금의 대표님을 있게 한 그 시작이 궁금합니다."

이 질문에 그는 잠시 생각에 잠기는 듯하더니, 의외의 대답을 꺼내놓았습니다. 그의 터닝 포인트는 화려한 성공의 경험이 아닌, 대학 시절의 작은 커뮤니티 활동이었다는 것이었습니다.

"대학교 1, 2학년 때, 정말 우연한 계기로 학생 커뮤니티를 만들어 운영해 본 경험이 제 인생의 터닝 포인트였습니다. 저에게는 그 경험이 너무나 컸고, 지금 이 일을 하게 된 가장 중요한 계기가 되었습니다. 학생들의 자유로운 소통 공간을 만들었는데, 그 작은 사이트를 통해 IT 기술로 사람들을 연결하고, 그 안에서 새로운 가치가 만들어지는 과정을 처음으로 경험했습니다. '아, 이렇게 하면 사람들이 모이는구나. IT를 기반으로 이런 비즈니스를 할 수 있겠구나.' 그때 막연하게 품었던 생각이 결국 저를 창업의 길로 이끌었고, 지금의 자리까지 오게 한 셈입니다."

사람과 정보를 잇는 열정, 소통으로 세상을 움직이다

그의 이야기는 위대한 시작이란 언제나 작고 사소한 경험에서 싹튼다는 것을 보여주었습니다. 대학 시절, 어쩌면 그저 치기 어린 활동으로 끝날 수도 있었던 작은 경험 하나가 그의 인생 전체를 관통하는 방향키가 된 것입니다. 그는 그 작은 성공의 경험을 통해 '연결'과 '소통'의 힘을 깨달았고, 그 힘을 바탕으로 교육이라는 거대한 시장에 과감히 뛰어들었습니다. 그가 회사를 운영하며 가장 중요하게 생각하는 가치 역시 '소통'과 '화합'이었습니다.

"저희는 분기마다 전 직원이 모여 회사의 현황과 비전을 공유하는 시간을 갖습니다. 중요한 것은 구성원들의 의견을 존중하고, 그들이 소통을 통해 스스로 문제를 해결하고 성장해 나갈 수 있도록 믿고 맡기는 것입니다. 제가 독단적으로 결정하는 것이 아니라, 직원들이 직접 머리를 맞대고 소통으로 이끌어 갈 때 가장 좋은 결과가 나온다고 믿습니다."

그에게 회사는 단순히 일하는 공간이 아니라, 함께 성장하고 소통하는 하나의 커뮤니티였습니다. 대학 시절 만들었던 작은 학생 커뮤니티가, 이제는 수십 명의 직원과 수십만 명의 회원이 함께하는 거대한 교육 커뮤니티로 성장한 셈입니다.

그는 인터뷰 말미에, 이 시대를 살아가는 청년들에게 선배 세대로서의 안타까운 마음과 함께 진심 어린 격려의 메시지를 전하는 것도 잊지 않았습니다.

"요즘 사회 전반의 분위기가 너무 부정적이고 어둡습니다. 선배 세대들이 먼저 '너희는 할 수 있다, 괜찮다'와 같은 긍정적인 이야기를 많이 해주어야 한다고 생각합니다. 그런 긍정적인 기운이 사회 저변에 깔려야, 청년들도 다시 한번 용기를 내어 도전할 수 있는 의지를 갖게 되지 않을까요? 선배들이 그들이 마음껏 뛸 수 있는 장을 만들어주는 것이 중요합니다."

A 대표와의 만남을 통해, 저는 한 사람의 작은 아이디어가 세상을 어떻게 바꿀 수 있는지를 목격했습니다. 그는 '사람과 사람을 연결하고 싶다'라는 순수한 열망 하나로 시작해, 교육계에 새로운 패러다임을 제시하고 있었습니다. 그의 이야기는 우리에게 중요한 질문을 던집니다. 당신은 지금, 무엇을 '연결'하고 있습니까? 당신의 그 작은 날갯짓이 세상을 어떻게 변화시킬 수 있을지, 상상해 본 적이 있습니까?

진심의 열쇠

위대한 아이디어는 거창한 계획이 아닌, 사람을 향한 작은 관심에서 시작됨을 믿으십시오. 당신의 소중한 성공 경험을 세상의 문제와 연결하여 새로운 가치를 만들어 내십시오. 당신의 진심이 담긴 그 연결의 힘이 결국 세상을 움직이는 거대한 플랫폼이 될 것입니다.

32

사람의 마음을 얻는
'장사를 배우다'

'장사'라는 단어를 들으면 어떤 이미지가 떠오를까요? 아마도 많은 분들이 돈, 이윤, 경쟁과 같은 차가운 단어들을 먼저 떠올릴 것입니다. 하지만 여기, 장사란 결국 '사람의 마음을 얻는 일'이며, 그 본질에는 '인문학'이 있어야 한다고 말하는 특별한 장사꾼이 있습니다. 닭꼬치 노점상에서 시작해 지금은 자신만의 철학이 담긴 로스터리 카페를 운영하는 남자, 자신의 10년간의 장사 경험을 눌러 담아 책을 쓴 B 대표의 이야기입니다.

그를 만나기 위해 찾아간 인천의 한적한 골목길, 그의 카페는 화려한 장식 대신, 은은한 커피 향과 사람의 온기로 가득한 공간이었습니다. 카페 한쪽 벽면을 가득 채운 책들과, 그가 직접 볶은 원두, 그리고 손님들과 스스럼없이 대화를 나누는 그의 모습에서, 이곳이 단순히 커피를 파는 가게가 아니라 사람과 이야기가 머무는 사랑방과 같다는 인상을 받았습니다.

잠시 손님과의 대화를 마치고 저를 향해 돌아선 그의 얼굴에는, 세상의 온갖 풍파를 겪어낸 사람 특유의 깊이와 그럼에도 사람에 대한 희망을 잃지 않은 따뜻한 미소가 함께 담겨 있었습니다.

"어서 오세요. 여기까지 찾아오시느라 고생하셨습니다. 커피 한잔하시겠습니까?"

그가 직접 내려준 커피는 깊고 진한 향을 품고 있었습니다. 마치 그의 인생처럼 말입니다. 우리는 그의 파란만장했던 지난 시절의 이야기로 대화를 시작했습니다. 그의 이야기는 인터넷 쇼핑몰 사업 실패로 신용불량자가 되었던 과거, 그리고 인생의 벼랑 끝에서 선택했던 닭꼬치 노점상 이야기로 이어졌습니다.

"대표님의 인생을 송두리째 바꾼 터닝 포인트는 무엇이었습니까? 무엇이 대표님을 이토록 사람 냄새나는 장사꾼으로 만들었는지 궁금합니다."

제 질문에 그는 주저 없이 '노점상을 시작했을 때'라고 답했습니다. 그에게 노점상은 단순히 돈을 버는 수단이 아니었습니다. 그것은 자신을 묶고 있던 모든 껍데기를 깨고, 진짜 세상과 만나는 통로였습니다.

"저는 노점상을 시작했던 그 순간이 제 인생의 가장 중요한 터닝 포인트라고 생각합니다. 그전까지 저는 자신을 완전히 내려놓지 못하고 살았습니다. '내가 할 일은 이런 게 아닌데', '내 수준에 맞는 일을 해야 하는데' 같은 선입견에 사로잡혀 있었죠. 하지만 그 모든 틀을 깨고 밖으로 나와 보니, 비로소 저 자신을 제대로 볼 수 있었습니다. 인생의 가장 밑바닥을 체험했던 그 시간이, 역설적으로 저를 다시 일어서게 한 것입니다."

벼랑 끝에서 배운 장사의 본질, 사람의 마음을 얻다

그는 노점상을 하며 처음으로 '사람'에게 관심을 두게 되었다고 고백했습니다. 자신을 내려놓고 보니, 세상에 부끄러울 것도, 두려워할 것도 없었다고 합니다. 때로는 돈을 집어 던지며 막말하는 손님 때문에 깊은 상처를 받기도 했지만, 그는 자신을 좋아해 주고 응원해 주었던 더 많은 사람에게 집중하기 시작했습니다. 웃으려고 노력하는 그의 진심을 손님들도 알아주었고, 그의 닭꼬치 가게는 어느새 동네의 명물이 되었습니다.

그렇게 사람이라는 자산을 얻은 그는, 2년 뒤 아이스크림 프랜차이즈 가게를 열었습니다. 닭꼬치 단골들은 자연스럽게 아이스크림 가게의 단골이 되었습니다. 그는 아이들을 진심으로 대했고, 작은 배려로 엄마들의 마음을 사로잡았습니다.

"아이들은 꼭 아이스크림을 콘으로 주문해요. 그리고 십중팔구는 3초 안에, 바닥에 떨어뜨리죠. 그럼, 엄마의 잔소리가 시작되는데, 저는 그 소리가 들리는 즉시 새 아이스크림을 다시 퍼줬습니다. 그러면 아이가 혼나는 상황은 종료되고, 엄마는 우리 가게의 영원한 단골이 됩니다."

그의 장사 철학은 단순했습니다. 내가 좋아하는 것을 팔고, 고객을 진심으로 대하며, 사람을 자산으로 만드는 것입니다. 그는 장사를 통해 만난 모든 인연을 소중히 여겼고, 그 관계들이 모여 성장의 80%를 이끌었다고 믿었습니다. 그는 이 시대의 청년들에게도 조급해하지 말고, 자신만의 길을 묵묵히 걸어가라고 조언했습니다.

"누구에게나 어려운 시기는 찾아옵니다. 중요한 것은 그 시기를 어떻게 견뎌내느냐에 따라 인생의 방향이 결정된다는 사실입니다. 지금 당장 어렵다고 해서 포기하고 주저앉아서는 안 됩니다. 조금 부족하고 느리더라도, 한 걸음이라도 앞으로 나아가려는 발걸음을 떼어야 합니다. 좌절하고 절망스러운 날에도 그날 해야 할 일을 딱 한 가지만이라도 해낸다면, 그것들이 쌓여 분명 좋은 결과를 만들어 낼 겁니다."

B 대표와의 대화는 '장사'라는 행위에 대한 저의 낡은 편견을 완전히 깨뜨렸습니다. 그는 돈이 아닌 사람을 보았고, 이윤이 아닌 관계를 쌓았으

며, 기술이 아닌 인문학으로 장사를 했습니다. 그가 파는 것은 커피나 아이스크림이 아니었습니다. 그는 사람을 향한 자신의 진심과 따뜻한 배려를 팔고 있었습니다. 그의 이야기는 치열한 경쟁 사회를 살아가는 우리 모두에게 깊은 울림을 줍니다. 당신은 지금, 무엇을 위해 일하고 있습니까? 당신의 일 속에는, 과연 '사람'이 있습니까?

진심의 열쇠

인생의 가장 밑바닥에서 길어 올린 진심으로 사람의 마음을 얻으십시오. 눈앞의 이윤이 아닌, 사람과의 관계를 가장 큰 자산으로 소중히 여기십시오. 당신의 따뜻한 진심과 배려는 돈으로 살 수 없는 가장 큰 성공을 가져다줄 것입니다.

33

쓰레기 더미에서
기적의 유익함을 캐내다

우리는 '최초'라는 타이틀에 열광합니다. 남이 가지 않은 길을 개척하고, 불가능하다고 여겨졌던 영역에 처음으로 발을 내딛는 사람들의 이야기는 언제나 우리에게 큰 감동과 영감을 주기 때문입니다. 하지만 그 화려한 영광의 이면에는, 성공을 장담할 수 없는 외로운 길을 묵묵히 걸어가야만 했던 수많은 인고의 시간이 숨어 있습니다. 친환경 재활용 기술로 세계를 놀라게 한 E 대표, 그는 10년이 넘는 시간 동안 오직 한 가지 문제에 매달려, 마침내 세상을 바꿀 기술을 손에 쥔 집념의 승부사입니다.

그의 공장이 위치한 산업 단지로 향하는 길은, 한 중소기업 대표의 성공 신화를 확인하러 가는 여정이라기보다, 포기를 모르는 한 인간의 위대한 집념을 만나러 가는 순례길처럼 느껴졌습니다. 버려진 자동차 범퍼의 페인트를 친환경적으로 완벽하게 제거해, 고가의 기능성 플라스틱을 재활용하는 그의 기술은 전 세계 자동차 업계가 주목하는 혁신이었습니다.

공장에 들어서자 거대한 기계들이 쉴 새 없이 돌아가고 있었습니다. 폐범퍼가 그의 손을 거쳐 '펠렛'이라는 고품질 재활용 수지로 재탄생하는 현장이었습니다. 시끄러운 기계 소음과는 대조적으로, 공장 내부는 놀라울 만큼 깨끗하고 쾌적했습니다. 환경오염을 유발하는 그 어떤 요소도 찾아볼 수 없도록 완벽하게 설계된 친환경 시스템은, 환경을 생각하는 그의 경영 철학을 고스란히 보여주고 있었습니다. 잠시 후 작업복 차림의 C 대표가 땀을 닦으며 저를 맞았습니다. 23년간 화학약품 업종에 몸담아온 그의 투박한 손과, 사람 좋은 미소 속에서 저는 평생 현장을 지켜온 장인의 뚝심과 부드러운 리더십을 동시에 느낄 수 있었습니다.

"대표님의 삶을 이끌어온 결정적인 터닝 포인트는 무엇이었습니까?"

제 질문에 그는 자신의 인생에 세 번의 터닝 포인트가 있었다고 말했습니다.

"첫 번째는 약 24년 전, 제 전공과는 전혀 상관없는 이 제조업에 우연히 발을 들여놓게 된 순간입니다. 두 번째는 IMF 외환위기로 회사가 어려워졌을 때, 제가 회사를 인수하고 대표이사 자리에 앉게 된 때입니다. 그리고 세 번째 터닝 포인트는 바로 지금, 이 순간이라고 생각합니다. 10년 넘게 매달려온 기술이 드디어 빛을 보기 시작했고, 회사가 더 큰 도약을 준비하는 바로 이 시점 말입니다."

남이 가지 않는 길, 성실함으로 세상을 놀라게 하다

그의 이야기는 한 편의 드라마와 같았습니다. 23년 전, 한 회사의 평범한 직원이었던 그는, 회사가 IMF 외환위기로 쓰러져갈 때 과감히 인수를 결정하고 회사를 다시 일으켜 세웠습니다. 그는 언제나 대표의 마음으로 일했다고 합니다.

"저는 거창한 꿈이 있었던 것은 아닙니다. 그저 제게 주어진 환경에서 내가 가장 잘할 수 있는 것이 무엇일까, 항상 그 생각만으로 살아왔습니다. 궁금한 것은 절대 못 참는 성격이라, 일단 부딪쳐서 직접 해봐야 직성이 풀렸습니다. 그렇게 주어진 상황에 집중하고 몰두했던 것이, 아마 저를 지금의 자리까지 오게 한 가장 큰 힘이었을 겁니다."

그의 집념이 빛을 발한 것이 바로 '친환경 페인트 제거 기술' 개발이었습니다. 자동차 도장 과정에서 발생하는 불량 범퍼가 고가의 소재임에도 불구하고 그대로 폐기되는 것을 보고 '우리가 한번 해결해 보자'라고 시작한 일이, 10년이 넘는 길고 긴 싸움이 될 줄은 그도 몰랐습니다.

"페인트 제거율 99%를 넘기는 기업이 전 세계에 단 한 곳도 없다는 사실을 알고 나니, 오히려 더 오기가 생겼습니다. 그래서 10년을 포기하지 않고 매달릴 수 있었습니다."

150억 원이라는 막대한 자금을 쏟아붓고, 수많은 실패를 거듭하면서도 그는 결코 포기하지 않았습니다. 그는 '성실하지 않으면 이루어질 것이 아무것도 없다'라는 뜻의 '불성무물(不誠無物)'이라는 말을 좌우명으로 삼았습니다. 그의 그 우직한 성실함과 집념이, 마침내 세상을 놀라게 한 기적을 만들어낸 것입니다. 그는 마지막으로, 자신만의 길을 찾지 못해 방황하는 청년들에게 진심 어린 조언을 건넸습니다.

"요즘 청년들을 보면, 대기업이나 공무원처럼 사회가 정해놓은 기준에 자신을 맞추기 위해 노력하는 것 같아 안타깝습니다. 저는 그게 정답이 아니라고 생각합니다. 남들과 똑같은 길을 가려고 하기보다, 자기만의 것을 만들 줄 알아야 합니다. 그것이 빵을 만드는 기술이든, 용접 기술이든 상관없습니다. 당신이 가장 잘할 수 있는 것에 집중하고, 그 분야에서 최고가 되기 위해 노력하십시오. 지금 당장은 빛을 발하지 못할 수도 있습니다. 하지만 그렇게 쌓인 당신만의 경쟁력은, 성장해 나가면서 반드시 빛을 발하게 될 겁니다."

C 대표와의 만남을 통해, 저는 '집념'이라는 단어의 무게를 온몸으로 느낄 수 있었습니다. 그는 10년이라는 긴 세월 동안, 불확실한 미래와 싸우며 외로운 길을 걸었습니다. 하지만 그는 단 한 번도 자신의 선택을 의심하거나 포기하지 않았습니다. 그의 우직한 집념은 버려지던 쓰레기를 황금으로 바꾸었고, 대한민국의 작은 중소기업을 세계적인 친환경 기업으로 우뚝 서게 했습니다. 그의 이야기는 우리에게 묻고 있습니다. 당신의 인생을 걸 만큼, 당신을 뜨겁게 만드는 단 하나의 목표는 무엇입니까? 그리고 당신은 그 목표를 위해, 얼마의 시간을 투자할 준비가 되어 있습니까?

끈기의 열쇠

남들이 정해놓은 성공이 아닌, 당신이 가장 잘할 수 있는 당신만의 길을 개척하십시오. 한번 목표를 정했다면, "될 때까지 포기하지 않는다"라는 우직한 집념으로 밀어붙이십시오. 당신의 성실함과 끈기는 평범함을 비범함으로 바꾸는 가장 위대한 힘이 될 것입니다.

34

불타오르는
장작을 만났을 때

　세상에는 혼자서 타오를 수 없는 불꽃이 있습니다. 뜨거운 열망을 품고 있지만, 불을 붙여줄 바람과 기꺼이 자신을 태울 땔감을 만나지 못해 그저 희미한 온기만 간직한 채 사그라들기를 기다리는 영혼들입니다. 2000년대 중반, 평범한 대학생이었던 D 대표의 마음속에도 그런 불씨가 잠자고 있었습니다. 창업이라는 막연한 동경, 세상에 무언가 의미 있는 흔적을 남기고 싶다는 희미한 열망이 있었습니다. 하지만 그 불씨에 어떻게 불을 붙여야 할지, 어디로 나아가야 할지 알지 못한 채, 그는 그저 수많은 청춘 중 한 명으로 취업이라는 정해진 궤도를 향해 밋밋하게 걸어가고 있었습니다.

　그런 그를 만나기 위해 강원도 원주로 향하는 자동차의 운전대를 잡았습니다. 차창 밖으로 스쳐 가는 푸른 산과 맑은 강은 목가적인 평화를 선사했지만, 그 평화로운 땅에서 대한민국 농업의 혁신이라는 거대한 불꽃을 피워 올리고 있는 한 청년의 이야기는 그 어떤 도시의 소음보다 역동적이었습니다. 그가 이끄는 회사의 본사는 세련된 유리 빌딩이 아닌, 흙과 사람의 땀 냄새가 물씬 풍기는 정직한 공간이었습니다. 사무실에 들어서는 순간, 젊은 직원들이 뿜어내는 활기찬 에너지와 '산지부터 고객의 식탁까지'라는 슬로건에 담긴 건강한 철학이 저를 맞았습니다. 이곳은 단순히 이윤을 추구하는 회사가 아니라, 같은 꿈을 꾸는 사람들이 모여 함께 밭을 일구는 거대한 공동체처럼 느껴졌습니다.

잠시 후, 약속 장소에 나타난 D 대표는 제가 상상했던 '성공한 젊은 CEO'의 모습과는 사뭇 달랐습니다. 번쩍이는 구두 대신 투박한 신발을 신고 있었고, 잘 다려진 셔츠에서는 은은한 흙냄새가 나는 듯했습니다. 하지만 그의 눈빛만큼은 그 어떤 보석보다 더 반짝였습니다. 사람 좋은 미소 뒤에 감춰진, 꿈을 향해 직진하는 자의 단단한 의지와 사람을 향한 따뜻한 신뢰가 공존하는 눈빛이었습니다. 우리는 그의 사무실 한편에 마련된 작은 테이블에 마주 앉았습니다. 그는 직접 내린 커피를 건네며, 마치 오랜 친구를 만난 듯 스스럼없이 자신의 이야기를 시작했습니다.

"대표님의 삶을 되짚어보면, 결정적인 순간마다 '사람'이 있었던 것 같습니다. 그 수많은 인연 중에서, 평범한 학생이었던 대표님의 인생을 송두리째 바꿔놓은 가장 결정적인 터닝 포인트는 무엇이었습니까?"

꺼져가던 불씨, 운명의 동반자를 만나 거대한 불꽃이 되다

제 질문에 그는 기다렸다는 듯 고개를 끄덕이며, 자신의 인생을 180도 바꿔놓은 운명적인 만남의 순간으로 저를 이끌었습니다.

"정확히 보셨습니다. 만약 혼자였다면, 저는 지금 이 자리에 결코 없었을 겁니다. 술 한잔하며 제 파트너에게도 말한 적이 있습니다. 내 인생 최고의 터닝 포인트는, 바로 너를 만난 그 순간이었다고 말입니다. 저는 군 복무를 마치고 복학한 평범한 학생이었고, 창업에 대한 마음은 있었지만,

그저 막연한 꿈일 뿐이었습니다. 그러다 2006년, 대학에서 운영하던 창업 연수생 과정에 참여하게 되었습니다. 바로 그곳에서, 과도 다르고 일면식도 없던 지금의 공동대표를 만났습니다."

그는 잠시 말을 멈추고 커피잔을 들어 한 모금 마셨습니다. 마치 그날의 설렘과 열기를 다시 한번 삼키려는 듯했습니다.

"그 친구를 처음 본 순간을 잊을 수가 없습니다. 다른 사람들 앞에서 자신의 아이디어를 발표하는데, 그 모습이 마치 활활 타오르는 불꽃 같았습니다. 그런데 이상하게도 주변에서는 그 열정의 가치를 알아주지 못하는 듯한 분위기였어요. 하지만 제 눈에는 그가 너무나 굉장해 보였습니다. 저는 직감했습니다. '저 친구는 장작이구나. 내 마음속에 있는 이 작은 불씨를 거대한 불로 키워줄 수 있는 단단한 장작이구나.' 반대로 그 친구는 제게서 자신의 열정에 기꺼이 몸을 던질 불을 보았던 것 같습니다. 그렇게 불과 장작이 만난 겁니다. 서로가 서로를 알아본 그 순간, 망설일 이유가 없었습니다. '같이 한번 해보자.' 그 한마디가 저희의 모든 것이었고, 지금의 회사를 만든 시작이었습니다."

그들의 시작은 뜨거웠지만, 현실의 길은 차갑고 질퍽했습니다. 20대 후반의 젊은 대표들이 주류 시장의 높은 벽을 넘기란 불가능에 가까웠습니다. 수익 없이 고정비만 나가는 시간이 계속되자, 그들은 초조해졌습니다. 어떻게든 돈을 벌어야 한다는 압박감에, 농산물 가격의 등락을 이용한 투기에 가까운 시도를 하기에 이르렀습니다.

"그때는 정말 어리고 무모했습니다. 특정 시기에 감자 가격이 오른다는 정보 하나만 믿고, 1억 2,000만 원이라는 거금을 빌려 창고에 쌓여있던 감자를 전부 사들였습니다. 농가에서 직접 구매한 것도 아니고, 이미 여러 유통 단계를 거친 비싼 감자였죠. 하지만 저희의 예상과 달리 감자 가격은 끝없이 추락했습니다. 창고에 쌓인 감자는 썩어가고, 빚은 눈덩이처럼 불어났습니다. 매일 밤, 잠을 이룰 수 없었고, '이대로 모든 게 끝이구나'하는 절망감에 사로잡혔습니다. 정말, 모든 것을 포기하고 문을 닫아야 할 상황이었습니다."

절망의 늪에서 배운 상생, 사람의 믿음으로 다시 일어서다

그의 목소리가 미세하게 떨렸습니다. 젊은 날의 치기 어린 실패가 남긴 상처의 흔적이었습니다. 그러나 그를 나락에서 건져 올린 것 역시, 그들이 그토록 벗어나고 싶었던 '사람', 바로 흙을 지키는 농부들이었습니다.

"거의 파산 직전에 이르렀을 때, 기적처럼 씨감자 100톤을 납품할 기회가 생겼습니다. 하지만 당장 감자를 수매할 자금이 단 한 푼도 없었죠. 마지막 지푸라기라도 잡는 심정으로, 그동안 영업을 하며 안면을 텄던 농가 어르신들을 찾아가 무릎 꿇고 사정했습니다. 그때 한 어르신께서 제 손을 잡아주시며 그러셨습니다. '젊은 사람들이 이렇게 열정을 갖고 애쓰는데, 이대로 주저앉으면 쓰나. 우리가 뭘 믿고 자네들한테 감자를 주겠나. 자네들 그 반짝이는 눈빛 하나 믿고 주는 거지. 일단 가져가서 납품하고, 돈은 나중에 벌어서 갚게.' 그 말씀을 듣는데, 눈물이 왈칵 쏟아졌습니다. 세상에 대한 원망과 불신으로 가득했던 제 마음이, 그분들의 주름진 손과 따뜻한 눈빛 앞에서 완전히 녹아내렸습니다."

그 농가와의 인연은 6년이 넘는 지금까지도 이어지고 있습니다. 그날 이후, 회사의 철학은 '이윤'에서 '상생'으로 완전히 바뀌었습니다. 위기의 순간에 사람에게서 받은 온기로 다시 일어선 경험은 그들을 더 단단하고 지혜로운 경영인으로 만들었습니다. 저는 그 험난한 길을 함께 걸어온 그가, 지금 길 위에서 방황하는 청년들에게 어떤 말을 해주고 싶은지 물었습니다.

"많은 청년이 평생 할 '업(業)'에 대한 깊은 고찰보다는, 남들에게 보이는 '직장'이라는 허울에 너무 집착하는 것 같아 안타깝습니다. 조금만 눈을 돌리면, 자신이 원하는 일을 하면서 더 나은 삶을 살 수 있는 자리가 얼마든지 있습니다. 너무 획일적인 성공의 기준에 자신을 옭아매지 않았으면 합니다. 조금 더 넓은 시야를 가지고 다양한 경험을 쌓겠다는 생각으로 세상과 부딪혀 보십시오. 그러다 보면 분명, 당신의 불꽃을 알아봐줄 파트너를, 당신의 위기 때 기꺼이 손을 내밀어줄 귀한 인연을 만나게 될 것입니다."

D 대표와의 대화를 마치고 사무실을 나서며, 저는 '상생'이라는 단어의 진짜 의미를 곱씹었습니다. 그것은 단순히 파이를 나누는 행위를 넘어, 서로의 존재를 믿어주고 위기의 순간에 기꺼이 서로의 든든한 버팀목이 되어주는 것이었습니다. 그의 성공은 한 명의 뛰어난 개인이 만든 신화가 아니었습니다. 그것은 서로의 가능성을 알아본 파트너와의 운명적인 만남, 그리고 절망의 순간에 기꺼이 손을 내밀어준 농부들의 따뜻한 믿음이 함께 만들어낸 아름다운 협주곡이었습니다.

신뢰의 열쇠

당신의 잠자고 있는 가능성에 불을 지펴줄 인생의 동반자를 찾으십시오. 혼자서는 넘을 수 없던 한계도, 굳건한 신뢰로 함께할 때 극복할 수 있습니다. 서로의 든든한 버팀목이 되어 더 큰 세상으로 나아가는 위대한 여정을 시작하십시오.

35

늦었다고 생각할 때가
기회였다

한 인간의 삶을 송두리째 이끌어가는 거대한 사명감은, 때로는 가장 연약하고 아픈 기억의 뿌리에서 자라납니다. 지워지지 않는 슬픔의 흔적이, 평생을 바쳐 지켜야 할 등대가 되고, 가슴속 깊이 묻어둔 눈물이 마르지 않는 연민의 샘이 되는 것입니다. E 병원장의 희고 단단한 의사 가운 아래에는, 그런 뜨거운 샘이 흐르고 있었습니다. 환자의 아픈 몸을 어루만지는 그의 손길 끝에는, 맞벌이 부모님을 대신해 어린 그를 세상의 전부처럼 품어주었던 사랑하는 할머니의 온기가 남아 있었습니다.

경기도의 중심 도시, 수많은 병원이 저마다의 전문성을 내세우며 치열한 경쟁을 벌이는 그곳에서, 그의 병원은 유독 조용하고 묵직한 신뢰를 발산하고 있었습니다. '환자 중심 경영'이라는 선언은 그저 벽에 걸린 구호가 아니었습니다. 다른 병원보다 몇 배는 긴 진료 시간, 수술과 비수술의 경계에서 환자에게 가장 정직한 길을 제시하려는 그의 '교과서적 치료' 원칙 속에, 그 철학은 살아 숨 쉬고 있었습니다.

진료를 마치고 나온 그의 모습은 제가 상상했던 '명의'의 모습 그대로였습니다. 온화한 미소와 차분한 말투는 환자의 불안을 잠재우기에 충분했고, 그 너머로 번득이는 예리한 통찰력은 병의 근원을 꿰뚫어 보는 날카로운 메스와도 같았습니다.

"병원장님의 진료 철학은 '환자가 믿을 수 있는 병원'이라는 한마디로 요약되는 것 같습니다. 하지만 병원 경영의 효율성만 생각한다면, 한 환자에게 30분 가까이 시간을 쏟는 것은 쉽지 않은 선택일 텐데요. 그토록 '믿음'과 '소통'을 중요하게 생각하시는 특별한 계기가 있으셨는지 궁금합니다."

저의 질문은, 마치 오래된 서랍을 여는 열쇠처럼, 그의 기억을 아득한 과거로 이끌었습니다. 그의 시선은 잠시 진료실 창밖, 분주하게 오가는 사람들 너머의 어느 한 지점에 머물렀습니다. 그곳에는 나무에서 떨어져 고통스러워하던 할머니와, 아무것도 하지 못한 채 울고만 있던 어린 소년이 서 있었습니다.

"아주 오래전의 일입니다. 제가 아직 아이였을 때, 저를 키워주신 친할머니께서 나무 위에서 떨어지는 큰 사고를 당하셨습니다. 당시 동네에서 가장 유명하다는 대형 병원으로 급히 모시고 가 수술을 받았지만, 할머니는 끝내 회복하지 못하고 하반신 마비 판정을 받으셨습니다. 맞벌이하시던 부모님을 대신해 세상의 모든 사랑을 제게 쏟아부어 주셨던 분이었습니다. 그런 할머니가 한순간에 쓰러져, 침상에 누워 고통스러워하시는 모습을 곁에서 지켜보는 것은 어린 제게 너무나 큰 충격이고 아픔이었습니다. 그때, 정말 아무것도 모르는 어린 마음에도 뼈에 사무치도록 다짐했습니다. '내가 커서 꼭 의사가 되어, 할머니 병을 고쳐드려야겠다.'"

교과서적 치료 원칙, 환자의 마음까지 어루만지는 의사

그의 꿈은 절반만 이루어졌습니다. 그는 대한민국 최고의 척추 신경외과 전문의가 되었지만, 그가 의사 가운을 입었을 때 할머니의 마비는 이미 돌이킬 수 없는 일이 되어 있었습니다. 하지만 할머니를 고쳐드리겠다는 어린 날의 그 간절한 약속은, 그의 가슴속에 남아 평생의 사명이 되었습니다. 그는 이제 모든 환자에게서 자신의 할머니를 봅니다. '그때 누군가 우리 가족에게 병의 상태와 치료 과정에 대해 조금만 더 자세히, 조금만 더 따뜻하게 설명해 주었다면 할머니의 고통과 가족의 불안이 조금은 덜하지 않았을까.' 그 뼈아픈 후회와 안타까움이, 지금의 그를 만든 것입니다.

"다른 병원에서 수술 권유를 받고, 지푸라기라도 잡는 심정으로 저를 찾아오시는 분들이 많습니다. 그분들의 눈빛을 보면, 과거 할머니의 병상 앞에서 어쩔 줄 몰라 하던 제 가족의 모습이 겹쳐 보입니다. 그래서 저는 단순히 '수술해야 합니다, 안 해도 됩니다'라고 결론만 말해드릴 수가 없습니다. 왜 그런 진단이 나왔는지, 현재 상태가 정확히 어떤지, 환자분이 고개를 끄덕이며 자신의 상태를 온전히 이해할 때까지 설명해 드립니다. 그것이 제가 의사로서, 그리고 먼저 아픔을 겪었던 한 사람의 가족으로서 할 수 있는 최소한의 도리라고 생각합니다."

병원 개원이 그의 인생의 또 다른 터닝 포인트였습니다. 2014년, 이미 시장이 포화 상태라 전망이 밝지 않았지만, '늦었다고 생각할 때가 기회'라는 믿음으로 과감히 결정을 내렸습니다. 환자가 마음 놓고 자신의 몸을 맡길 수 있는 '교과서적인 병원'을 직접 만들고 싶다는 열망이 더 컸기 때문입니다. 저는 그가 절망과 불안 속에서 길을 찾는 청년들에게 어떤 희망의 메시지를 전하고 싶은지 물었습니다.

"기회는 누구에게나, 분명히 있다고 생각합니다. 요즘 청년들을 보면, 처음부터 너무 높은 곳만 바라보는 것 같아 안타까울 때가 많습니다. 하지만 눈높이를 조금만 낮추어, 작은 회사나 밑바닥 일부터 시작하려는 마음을 먹는다면 기회는 얼마든지 있습니다. 중요한 것은 어디서 시작하느냐가 아니라, 그 자리에서 얼마나 성실하게 자신을 갈고닦아 발전을 이루어내느냐입니다. 어떤 자리에서든 자신만의 사명감으로 최선을 다한다면, 분명 세상은 그 노력을 알아줄 것입니다."

E 병원장과의 대화를 마치고 병원을 나서는 길, 저는 그의 하얀 가운에서 성직자와도 같은 고결한 무게감을 느꼈습니다. 그는 단순히 질병이라는 현상을 치료하는 기술자가 아니었습니다. 어린 날의 깊은 슬픔을 평생의 사명으로 끌어안고, 모든 환자의 고통을 자신의 것처럼 느끼며 함께 길을 걷는 진정한 치유자였습니다.

가치의 열쇠

인생의 가장 아픈 기억을 외면하지 말고, 그것을 평생의 사명으로 끌어안으십시오. 진정성 있는 목표는 어떤 어려움 속에서도 당신을 다시 일으켜 세울 것입니다. 당신의 깊은 상처가, 세상을 치유하는 가장 위대한 힘이 될 수 있음을 기억하십시오.

36

가장 뜨거운
시간의 가르침

 훌륭한 도자기는 가장 뜨거운 불가마 속에서 비로소 제빛을 찾습니다. 상상할 수 없는 열기를 온몸으로 견뎌내며 모든 불순물이 타서 없어지고, 가장 순수하고 단단한 본질만이 남아 영롱한 빛을 낼 때, 하나의 흙덩이는 비로소 불멸의 예술 작품으로 다시 태어나는 것입니다. 추상화가 F 작가의 삶과 예술이 바로 그러했습니다. 그녀의 캔버스를 가득 채운 눈부신 컬러 밴드들은, 단순히 아름다운 색의 조합이 아니었습니다. 그 속에는 인생의 가장 밑바닥에서 길어 올린 치열한 인내와 성찰, 그리고 지독한 시련의 불꽃을 통과하며 상처를 예술로 승화시킨 한 인간의 위대한 연금술이 녹아 있었습니다.

 그녀의 개인전이 열리는 전시회, 맑고 투명한 색채들이 연주하는 한 편의 장엄한 교향곡과도 같았습니다. 작품만큼이나 화사하고 생기 넘치는 에너지로 공간을 밝히며 F 작가가 저를 맞았습니다. 그녀는 프랑스 파리 국립 미술학교를 우수하게 졸업한, 소위 '예술계의 금수저'였습니다. 하지만 그녀의 얼굴에는 세상 물정 모르는 엘리트 예술가의 도도함 대신, 세상의 모든 풍파를 맨몸으로 겪어낸 사람만이 가질 수 있는 깊고 겸손한 그늘이 함께 서려 있었습니다.

"작가님의 작품들을 보고 있으면, 어둠 속에서도 한 줄기 빛을 향해 나아가는 긍정의 힘이 느껴집니다. 그토록 맑고 찬란한 색채의 근원은 어디에 있는지, 작가님의 인생을 바꾼 결정적인 터닝 포인트가 궁금합니다."

당돌한 질문에 그녀는 담담한 미소를 지으며, 자신의 인생에서 가장 어둡고 추웠지만, 역설적으로 가장 뜨겁고 눈부셨던 시절의 이야기를 꺼냈습니다.

"제 인생의 가장 큰 터닝 포인트는, 두말할 것 없이 1997년 IMF 외환위기 시절이었습니다. 파리 유학을 마치고, 결혼한 지 갓 3개월 된 새댁이었죠. 그때까지만 해도 제 인생은 탄탄대로처럼 보였습니다. 유복한 환경에서 자라, 아버지의 후광 아래 원하는 공부를 마음껏 하고 돌아왔으니까요. 그런데 IMF 한파가 닥치면서, 여유롭던 집안이 하루아침에 경제적으로 완전히 무너져 내렸습니다. 그때의 혹독한 시련이 없었다면, 아마 지금의 저는 굉장히 교만하고 안일한 예술가로, 그저 아버지의 그림자를 흉내 내는 기술자로 남아 있었을지도 모릅니다. 그때는 정말 하루하루가 악몽 같았지만, 돌이켜보면 제 인생에서 가장 많이 성장하고, 가장 중요한 것을 배웠던 시기였습니다."

온실 속 화초, 세상의 불꽃을 통과한 위대한 예술가

프랑스 최고의 미술대학을 나온 그녀의 손에, 더 이상 고상한 붓 대신 차가운 물걸레가 들려 있었습니다. 당장 먹고살기 위해, 그녀는 할 수 있는 모든 일을 해야만 했습니다. 가정교사, 기간제 교사, 동네 교습소 강사, 심지어 동시통역과 가이드, 인테리어 현장과 CF 무대 감독까지, 주변에서는 '프랑스 보자르까지 나온 사람이 어쩌다 저렇게 됐냐?'라며 안타까워했지만, 그녀는 그 인고의 시간을 견디며 세상과 사람을 보는 전혀 다른 눈을 갖게 되었습니다.

"혼자 고고하게 작업실에만 틀어박혀 있었다면 결코 배울 수 없는 것들이었습니다. 온실 속 화초처럼 자라 세상 물정 모르던 제가, 가장 낮은 곳으로 내려가 사람들과 부딪히고, 다양한 직업의 생리를 몸으로 겪으면서 시야가 폭발적으로 넓어졌습니다. 그 힘든 시절에 겪었던 수많은 경험과 감정들이 제 안에 켜켜이 쌓여, 지금 제 작품 세계를 떠받치는 가장 단단한 기둥이 되었습니다. 도자기가 그 뜨거운 가마의 열을 견뎌야 비로소 명품이 되듯, 사람 역시 그런 인내의 시간을 통과해야만 더 성숙하고 가치 있는 존재가 되는 것 같습니다."

그녀는 그 지옥 같았던 시절에도 결코 붓을 놓지 않았습니다. 낮에는 생계를 위해 치열하게 일하고, 밤에는 작은 방 한구석에서 캔버스를 펼치고 자신만의 예술 세계를 지켜나갔습니다. 그렇게 7년이라는 긴 터널을 묵묵히 걸어 나왔을 때, 비로소 저 멀리서 희미한 빛이 보이기 시작했습니다. 저는 섣불리 재능을 포기하고 좌절하는 이 시대의 청년들에게, 그녀가 어떤 위로와 용기의 말을 전하고 싶은지 물었습니다.

"요즘 젊은이들이 얼마나 힘든지, 저도 잘 압니다. 하지만 위기의 시기가 가장 큰 기회의 시기라는 말을 꼭 해주고 싶습니다. 가장 중요한 것은, 자신이 무엇을 할 때 심장이 뛰고 가장 살아있음을 느끼는지, 진정으로 좋아하는 일이 무엇인지를 찾는 것입니다. 그리고 그 길을 찾았다면, 어떤 고난이 닥쳐와도 흔들리지 말고, 묵묵히 자신의 길을 가야 합니다. '1만 시간의 법칙'처럼, 한 분야의 전문가가 되기 위해서는 반드시 숙성되기 위한 시간을 견뎌야 합니다. 그 고통스러운 시간을 견디고 나면, 반드시 터널의 끝은 보일 겁니다. 그러니 절대 꿈을 접고 좌절하지 마십시오."

F 작가와의 대화는, 예술과 인생의 본질에 대한 깊은 성찰을 안겨주었습니다. 그녀의 삶 자체가 한 편의 눈부신 추상화였습니다. 유복했던 어린 시절의 밝고 투명한 색, 혹독한 시련의 아픔을 상징하는 어둡고 무거운 색 그리고 그것을 이겨낸 인내와 희망, 성찰의 다채로운 색들이 겹치고 교차하며 'H 작가'라는, 세상에 단 하나뿐인 독창적인 작품을 완성해 가고 있었습니다.

자신감의 열쇠

인생의 위기는 좌절이 아닌, 성장을 위한 가장 좋은 기회임을 믿으십시오. 시련의 시간을 인내하며 자신만의 길을 묵묵히 걸어갈 때, 당신은 더욱 단단해집니다. 고통의 시간을 견디고, 세상에 단 하나뿐인 당신만의 위대한 작품을 완성하십시오.

37

차가운 감옥에서 만난
600권의 책, 마음을 벼리다

 때로 인생의 가장 깊은 어둠과 가장 완전한 고립은, 역설적으로 가장 눈 부신 빛과 가장 위대한 지혜를 만나는 통로가 되기도 합니다. 세상의 모든 문이 닫혔다고 생각되는 절망의 나락에서, 오히려 내면으로 향하는 단 하나의 문이 열리고, 그곳에서 새로운 시작을 위한 단단한 바닥을 딛고 일어서는 것입니다. 공연계의 살아있는 신화이자 영원한 도전자, G 대표의 삶이 바로 그 역설의 증거입니다. 그의 거침없는 상상력과 식지 않는 열정의 근원에는, 서슬 퍼런 독재 시절, 차디찬 감옥에서 보낸 1년의 세월이 있었습니다.
 젊음과 예술의 해방구, 대학로에 있는 그의 극장은 오늘도 꿈을 향해 달려가는 젊은이들의 뜨거운 열기로 후끈했습니다. 수십 년간 연극과 영화, 뮤지컬 분야를 종횡무진하며 한국 공연 예술의 판 자체를 키워온 거장의 사무실은, 그러나 예상외로 소박하고 인간미가 넘쳤습니다.

 잠시 후, 희끗희끗한 머리카락이 무색할 만큼 소년처럼 반짝이는 눈빛과 호탕한 웃음을 지닌 그가 나타났습니다. 그의 얼굴에는 세월의 피로 대신, 끊임없이 새로운 것을 상상하고 도전하는 자만이 가질 수 있는 생생한 활력이 가득했습니다.

"대표님께서는 한곳에 머무르지 않고 늘 새로운 장르와 도전을 즐겨오셨습니다. 그 지치지 않는 창조적 에너지의 원천은 무엇인지, 대표님의 인생을 송두리째 바꾼 터닝 포인트는 언제였는지 듣고 싶습니다?"

당돌한 질문에 그는 껄껄 웃으며, 자신의 인생에서 가장 어둡고 동시에 가장 찬란했던 순간의 이야기를 주저 없이 풀어놓았습니다.

"제 인생의 가장 큰 터닝 포인트를 꼽으라면, 많은 사람이 의아해할지 모르겠지만, 대학 시절 학생 운동으로 감옥에 갔을 때입니다. 당시 시위에 연루되어 1년 동안 수감 생활을 했습니다. 창창한 젊은 나이에 겪은 크나큰 시련이었고, 미래가 캄캄해 보이는 절망적인 시간이었죠. 하지만 저는 그곳에서 제 인생을 통째로 바꿔놓은 가장 큰 자산을 얻었습니다. 바로, 그곳에서 읽은 600권의 책입니다."

밑바닥을 경험한 용기, 두려움 없이 미지의 세계에 도전하다

그의 눈빛이 순간 아득하고 깊어졌습니다. 차갑고 딱딱한 감옥 바닥에 웅크리고 앉아, 어렵게 책장을 넘기던 젊은 날의 자신을 떠올리는 듯했습니다.

"그때 읽은 600권의 독서가, 이후 제 모든 사회생활과 창작 활동의 밑거름이자 원동력이 되었습니다. 요즘 성공한 어른들이 입만 열면 '인문학적 상상력이 중요하다', '책을 읽어라' 하지 않습니까. 저는 그 인문학적 상상력이라는 것을, 명문대 강의실의 안락한 의자가 아니라, 차디찬 감옥 바닥에서 온몸으로, 뼛속 깊이 체득한 셈입니다. 특히 제가 40년 넘게 몸담은 이 문화예술 분야에서는, 결국 책을 많이 읽어 인문학적 상상력의 기초가 튼튼한 사람이 압도적인 경쟁력을 갖게 됩니다. 저는 그 지울 수 없는 진리를 누구보다 먼저, 그리고 가장 혹독한 방식으로 깨달았던 것이죠."

그 지독한 경험은 그에게 또 하나의 값진 선물을 안겨주었습니다. 그것은 바로 '그 무엇도 두렵지 않은 용기'였습니다.

"젊은 나이에 소위 말하는 밑바닥을 찍고 나니, 그야말로 무서울 게 없어졌습니다. 인생을 사는 데, 또 새로운 도전을 하는 데 겁이 없어졌다고 할까요. '내가 감옥까지 갔다 왔는데, 이까짓 게 뭐라고!' 하는 배짱이 생긴 것이죠. 그래서 저는 제 인생에서 단 한 번도 '안전빵' 같은 것을 추구해 본 적이 없습니다. 창작이란 것 자체가 본질적으로 끊임없이 미지의 세계에 대한 도전이지 않습니까. 그 '도전의 DNA'가 그때 제 뼈와 영혼에 깊이 새겨진 셈입니다."

저는 그 날카로운 통찰력으로, 안정만을 최고 가치로 여기며 도전을 망설이는 요즘 청년들을 어떻게 바라보는지 물었습니다.

"요즘 젊은이들을 보면 너무 '안전빵'만 좇는 것 같아 정말 안타깝습니다. 공무원 시험에 수십만 명이 몰리는 현실이 과연 행복으로 가는 지름길일까요? 평생직장이라는 개념은 이제 환상입니다. 정년이 보장된다는 달콤함에 안주하는 순간, 성장은 멈추고 결국 도태될 수밖에 없습니다. 제가 청년들에게 정말 해주고 싶은 말은 이것입니다. 현실에 안주하지 말고, 당신의 평생 직업을 당신 스스로 만들라는 겁니다. 자기 인생은 결국 자기가 개발하고 책임져야 하는 것입니다."

G 대표와의 만남은, 마치 잘 만든 한 편의 강렬한 반전 영화를 본 듯한 지적 카타르시스를 안겨주었습니다. 인생의 가장 큰 위기가, 가장 위대한 기회가 될 수 있다는 역설과 가장 깊은 절망 속에서 가장 강한 희망을 길

어 올릴 수 있다는 진실을 보여준 것이기 때문입니다. 그는 자신의 삶 전체로 그 모든 것을 남김없이 증명해 내고 있었습니다.

> **창조의 열쇠**
>
> 인생의 가장 깊은 어둠은, 가장 눈부신 지혜를 만나는 통로가 될 수 있습니다. 밑바닥에서 얻은 성찰과 용기는 당신을 누구보다 높이 날아오르게 할 날개가 될 것입니다. 현실에 안주하지 말고, 끊임없이 도전하며 당신만의 길을 창조해 나가십시오.

38

절반의 월급,
그러나 완전한 즐거움

우리는 인생이라는 긴 여정의 갈림길에서, 무엇을 이정표 삼아야 하는 것일까요. 더 많은 돈, 더 높은 지위, 더 안정된 미래를 찾아 대부분의 사람은 눈에 보이는 이익의 크기를 따라 익숙하고 편안한 길을 나섭니다. 하지만 여기, 모두가 선망하는 대기업의 탄탄한 지위와 두둑한 월급봉투를 미련 없이 내려놓고, 그 절반의 보수밖에 되지 않는 대학 강단으로 기꺼이 발걸음을 옮긴 한 남자가 있습니다. H 전 총장은 물질적 풍요가 아니라, 배우고 가르치는 순수한 지적 희열이라는 내면의 목소리를 따랐습니다.

총장직에서 물러나 명예로운 원로 학자의 삶으로 돌아온 그를 캠퍼스의 한 연구실에서 만났습니다. 그의 공간은 권위적인 장식 대신, 평생을 학문과 교육에 헌신한 사람의 깊이와 온화함으로 가득했습니다. 온화한 미소로 저를 맞은 그의 얼굴에는, 그가 즐겨 인용한다는 논어의 한 구절처럼 '군자의 평화로움'이 깃들어 있었습니다. 그는 세상의 모든 소란으로부터 한 걸음 물러나, 오직 진리와 교육의 본질만을 생각하는 현자의 모습을 지니고 있었습니다.

"총장님께서는 학부생으로 모교와 인연을 맺으신 이래, 총장이라는 최고의 자리에 오르기까지 한평생을 학교의 발전을 위해 헌신하셨습니다. 그 기나긴 교육자의 길로 들어서게 된, 총장님 개인의 삶에 가장 결정적인 터닝 포인트는 무엇이었는지 듣고 싶습니다."

제 질문에 그는 잔잔한 미소를 지으며, 자신의 인생 항로를 완전히 바꿔놓았던 오래전의 한 선택을 회상했습니다.

"제 개인적인 인생의 터닝 포인트를 굳이 하나 꼽자면, 아주 우연한 기회에 '대학교수가 되겠다'라고 마음을 먹고 실행에 옮긴 바로 그 순간이라고 할 수 있겠습니다. 1970년대 후반, 저는 당시 아주 잘나가던 대기업의 기획조정실 과장으로 일하고 있었습니다. 월급이 50만 원 정도였으니, 그 시절에는 정말 파격적인 대우였지요. 남들이 보기에는 무엇 하나 부러울 것 없는 탄탄한 길이었습니다. 그러던 어느 날, 대구에 있는 한 대학으로부터 전임강사로 와달라는 제안을 받았습니다. 그런데 월급이 기업에서 받던 것의 절반에도 못 미치는 25만 원이었습니다. 당연히 주변의 모든 사람이 반대했습니다. 하지만 저는, 그 모든 반대를 무릅쓰고 대학으로 돌아갔습니다."

저마다의 '달란트'를 발견하는 삶, 마음이 이끄는 길을 걸어가라

그의 목소리는 조용했지만, 그 속에는 자신의 선택에 대한 단단한 확신과 자부심이 실려 있었습니다.

"물론 산업체에서 일하는 것도 큰 보람이 있었습니다. 하지만 학교에는 그것과는 비교할 수 없는 다른 차원의 즐거움이 있었습니다. 바로 '배우는 즐거움'과 '가르치는 즐거움'이었죠. 제 영혼이 진정으로 원하는 것이 무엇인지 깨닫는 순간, 마침 기회가 찾아왔을 때 망설이고 싶지 않았습니다. 돈은 조금 덜 벌더라도, 제 마음이 기쁨으로 충만한 삶을 살고 싶었습니다. 결국 그 선택이 제 인생의 가장 중요한 터닝 포인트가 되어, 이후 일본으로 건너가 박사 학위를 받고 공부를 계속하게 했으며, 마침내 제가 졸업한 모교의 총장이라는 무겁고도 영광스러운 자리까지 저를 이끌었습니다. 결국 사람이란, 자신이 가장 즐겁게 할 수 있는 일을 할 때 가장 큰 잠재력을 발휘하고, 가장 멀리 나아갈 수 있는 것 아니겠습니까."

저는 이 시대의 진정한 어른인 그가, 자신의 길을 찾지 못해 방황하는 청년들에게 어떤 지혜를 나눠주고 싶은지 물었습니다.
"저는 이 세상 모든 사람에게는 신이 주신 저마다의 재능, 즉 '달란트'가 있다고 굳게 믿습니다. 다른 사람도 가진 재능일 수 있지만, 유독 당신이 더 잘하고, 조금만 더 개발하면 남들보다 훨씬 더 빛을 발할 수 있는 길이 반드시 존재합니다. 그런데 안타깝게도 많은 청년이 그것을 찾지 못하고, 그저 남들이 좋다고 하는 길, 안정적으로 보이는 길만 따라가다 지치고 좌절합니다. 우리 교육이, 그리고 우리 사회가 해야 할 가장 중요한 역할은, 청년들이 바로 그 자신만의 재능을 빨리 발견하고 마음껏 펼칠 수 있도록 돕는 것입니다. 우리 청년들 모두에게는 그런 자신만의 위대한 DNA가 있습니다. 그 가능성을 믿고, 남들이 가는 길이 아니라 자기만의 재능이 이끄는 길을 용기 있게 찾아 나서길 바랍니다."

H 전 총장과의 대화는, 인생이라는 긴 여정에서 우리가 진정으로 따라야 할 북극성이 무엇인지에 대한 근원적인 질문을 던졌습니다. 그는 눈앞의 이익이나 세상의 평가가 아니라, 자신의 마음을 뛰게 하는 순수한 즐

거움을 선택했고, 그 선택은 그를 한 명의 성공한 직장인을 넘어, 수많은 영혼에 빛을 비추는 위대한 스승의 자리로 이끌었습니다.

재능의 열쇠

세상의 기준이 아닌, 당신의 마음을 뛰게 하는 순수한 즐거움을 선택하십시오. 당신 안에 잠재된 고유한 재능, '달란트'의 가능성을 믿고 그 길을 따라가십시오. 당신의 잠재력은 가장 즐거운 일을 할 때, 가장 찬란하게 빛날 것입니다.

39

정해지지 않은 길 위에서
운을 발견하다

우리는 인생이라는 지도 위에서 저마다의 목적지를 향해 걸어가는 여행자입니다. 대부분의 사람은 가장 안전하고 확실해 보이는 길, 모두가 옳다고 말하는 길을 따라 걷기 위해 부단히 애를 씁니다. 혹여 계획에 없던 갈림길이라도 나타나면 길을 잃은 아이처럼 불안해하고, 예정된 경로를 이탈하는 것을 인생의 실패처럼 여기기도 합니다. 그러나 과연 그럴까요. 때로는 가장 위대한 발견이 예상치 못한 항로에서 이루어지듯, 우리 인생의 가장 빛나는 순간 역시 계획에 없던 길 위에서 우연처럼 찾아오는 것은 아닐까요.

여기, 자신이 꿈꾸던 길이 아닌 다른 길 위에 우연히 서게 되었지만, 그 낯선 운명을 불평하는 대신 기꺼이 끌어안아 자신의 가장 큰 행운으로 만들어낸 한 남자가 있습니다.

대한민국 첨단 기술의 미래를 이끄는 연구원의 수장, I 전 원장입니다. 그는 본래 상아탑의 교수를 꿈꿨지만, 지금은 대한민국 기술의 심장부에서 그 누구보다 중요한 역할을 수행하고 있습니다.

연구원의 전 원장으로 자신의 성공은 치밀한 계획의 산물이 아니라 '매우 좋았던 운' 덕분이라고 말하는 그의 삶을 들여다보는 것은, 어쩌면 우리 시대가 강요하는 '계획된 성공'이라는 강박에서 벗어나 삶의 우연성을 긍정하고 그 속에서 기회를 발견하는 지혜를 배우는 과정일지도 모릅니다.

그를 만나기 위해 찾아간 연구원은 정교하게 설계된 미래 도시의 축소판 같았습니다. 오차 하나 없이 움직이는 로봇 팔, 방진복을 입고 분주히 오가는 연구원들, 공기 중에 떠도는 낮은 기계음까지. 모든 것이 치밀한 계산과 예측 아래 움직이는 그 공간의 한복판에서, 저는 이 거대한 연구원 조직에서 수장으로 재직했던 그의 모습을 상상했습니다. 강력한 카리스마와 한 치의 흔들림도 없는 냉철함. 하지만 연구실의 문을 열고 들어선 순간, 내 예상은 기분 좋게 빗나갔습니다.

꿈꾸지 않던 길, '운'을 내 편으로 만든 긍정의 힘

저를 맞이한 그는 날카로운 연구원장이라기보다, 오랜 시간 사유를 거듭해 온 온화한 학자의 얼굴을 하고 있었습니다. 깊이를 알 수 없는 평온함이 깃든 그의 눈빛은, 수많은 변화의 파도를 온몸으로 겪어내고 마침내 자신만의 평형점을 찾아낸 사람만이 가질 수 있는 고요한 힘을 느끼게 했습니다.

"먼 길 오시느라 고생 많으셨습니다. 이런 연구원까지 관심을 두시니 감사합니다."

정중하게 건네는 인사는 소박했지만, 그가 몸담은 이 공간과 동료들에 대한 깊은 애정과 자부심이 묵직하게 전해져왔습니다. 우리는 따뜻한 차를 사이에 두고 마주 앉았습니다. 첨단 기술의 심장부와 그의 아날로그적인 온기 사이의 기묘한 조화 속에서, 저는 가장 궁금했던 질문을 꺼냈습니다.

"원장님께서는 본래 학자의 길을 꿈꾸셨다고 들었습니다. 그런데 지금은 대한민국 산업의 최전선을 이끄는 공직자로 퇴임 후 인생 2막의 길을 걸어가고 있습니다. 꿈과 다른 현실의 갈림길에서, 어떤 마음으로 새로운 길을 선택하게 되셨는지, 이곳의 전 원장으로서 인생의 경로를 바꾼 그 시작점이 궁금합니다. 인생의 가장 결정적인 터닝 포인트는 무엇이었습니까?"

제 질문에 그는 잠시 창밖을 바라보며 희미하게 미소 지었습니다. 마치 오래전, 갈림길에 서 있던 청년의 자신을 가만히 불러보는 듯했습니다.

"돌이켜보면 제 인생의 터닝 포인트는 '공무원을 선택'하게 된 바로 그 순간인 것 같습니다. 그런데 그건 제 의지에 따른 치열한 선택이라기보다는, 정말 우연한 계기였습니다. 저는 원래 대학교수가 되고 싶어서 UCLA 유학을 목표로 열심히 영어 공부를 하고 있었어요. 그러다 보니 자연스럽게 여러 시험을 준비하게 됐고, 그 과정에서 덜컥 공무원 시험에 합격하게 된 겁니다. 솔직히 말하면 그때는 기쁨보다는 당혹감이 더 컸습니다. 공무원은 제 적성이 아니라고 생각했거든요. 지금도 사실은 교수나 이공계 연구자가 제게 더 맞지 않았을까 생각합니다. 하지만 막상 공직 생활을 시작하고 보니, 신기하게도 큰 어려움 없이 잘 적응하고 이 자리까지 오게 되었습니다. 그래서 저는 저 자신이 특별한 능력이 있었다기보다는, 그저 '억수로 운이 좋았다'라고 생각합니다."

그의 고백은 성공한 리더에게서 듣기를 기대했던 영웅적인 서사와는 거리가 멀었습니다. 그는 자신의 성공을 '노력'이나 '재능'이 아닌 '운'의 덕으로 돌리고 있었습니다. 그것은 단순한 겸손의 표현이 아니었습니다. 자신의 의지만으로 세상 모든 것을 통제할 수 없다는 삶의 진리를 깊이 이해하는 자의 겸허한 성찰이었습니다.

"공직 생활 30년을 돌아보면 정말 큰 굴곡이 없었습니다. 승진 때문에 잠 못 이루며 고민해 본 적도 없는 것 같고, 남들이 부러워하는 해외 근무 기회도 여러 번 주어졌습니다. 공무원으로서 세 번, 모두 합쳐 7년이 넘는 시간을 외국에서 보냈는데, 그 과정 또한 치열한 경쟁을 뚫었다기보다는 물 흐르듯 자연스럽게 기회가 찾아왔습니다. 제 주변에는 능력이 출중함에도 승진이 늦어져 힘들어하는 동료도 있었고, 간절히 원해도 해외에 나갈 기회를 얻지 못하는 동료도 있었습니다. 그런 모습을 볼 때마다 저는 '나는 참 운이 좋은 사람이구나, 참 행복한 사람이구나' 하고 생각하게 됩니다. 그리고 제가 받은 이 과분한 행운에 대해, 이 사회와 국민께 항상 감사한 마음을 잊지 않으려고 합니다."

계획하지 않았기에 열린 인생, 우연을 필연으로 만들다

그는 주어진 운명을 거부하며 싸우는 대신, 그것을 온전히 긍정하고 끌어안았습니다. 그리고 그 긍정의 힘은 역설적으로 더 큰 운과 기회를 불러왔습니다. 계획하지 않았던 길 위에서 그는 자신에게 주어진 역할을 묵묵히, 그리고 성실히 수행했고, 세상은 그런 그에게 더 넓은 무대를 허락했습니다. 저는 문득, 모든 것이 불확실하다고 말하며 좌절하는 이 시대의 청년들에게 그의 이야기가 어떤 울림을 줄 수 있을지 궁금해졌습니다.

"원장님처럼 '운이 좋았다'라고 말하기에는, 요즘 청년들이 마주한 현실의 벽이 너무 높고 견고하게 느껴집니다. 그들에게 어떤 말씀을 해주고 싶으신지요?"

조심스러운 질문에 그의 표정이 한결 진지해졌습니다.

"요즘 청년들이 얼마나 힘든 시기를 보내고 있는지 잘 알고 있습니다.

모든 것이 불확실한 시대입니다. 하지만 저는 항상 위기 속에서 기회가 온다고 믿습니다. 모두가 어렵다고 말하는 바로 그곳에, 아직 발견되지 않은 새로운 길이 숨어 있을 수 있습니다. 그러니 너무 조급해하지 않았으면 합니다. 지금 당장 답이 보이지 않더라도, 자신이 잘할 수 있고 좋아하는 분야가 무엇인지 차분히 들여다보는 시간이 필요합니다. 그리고 그 분야를 찾았다면, 긍정적인 시각을 잃지 않고 인내심을 가지고 꾸준히 나아가야 합니다. 아무리 어려운 환경이라도, 그렇게 묵묵히 자신의 길을 가는 사람에게는 반드시 답이 보인다고 생각합니다. 우리 젊은 세대들은 기성세대와는 비교할 수 없는 창의성과 유연함을 가지고 있습니다. 그 뛰어난 잠재력에 끈기와 인내심이라는 뿌리만 더해진다면, 지금의 한계를 뛰어넘어 완전히 새로운 시대의 주인공이 될 수 있을 겁니다."

그의 조언은 '무조건 참고 견디라'라는 낡은 훈계가 아니었습니다. 그것은 계획하지 않았던 길 위에서 묵묵히 자신의 소명을 다하며 스스로 운을 개척해 온 한 사람의 삶이 응축된, 단단하고 현실적인 지혜였습니다. I 전원장과의 대화를 마치고 연구원을 나서는 길, 저는 '운명'이라는 단어를 다시금 곱씹었습니다. 어쩌면 '운명'이란 하늘에서 뚝 떨어지는 행운이나, 거스를 수 없는 거대한 힘이 아닐지도 모릅니다. 그것은 어떤 길이 주어지든 그 길을 긍정하고 감사하며 걸어가는 사람의 성실한 발걸음 속에서, 비로소 모습을 드러내는 것일지도 모릅니다. 그는 자신의 삶을 통해 우리에게 조용하지만 분명하게 말하고 있었습니다. 당신이 미처 계획하지 못했던 바로 그 길 위에, 당신 인생 최고의 풍경이 기다리고 있을지 모른다고….

긍정의 열쇠

계획과 다른 길을 마주했을 때, 그것을 불운이 아닌 새로운 기회로 여기십시오. 주어진 길을 긍정하고 묵묵히 걸어가는 당신의 성실함이 최고의 '운'을 만듭니다. 긍정적인 시각과 꾸준함으로, 당신의 우연을 빛나는 필연으로 만들어 가십시오.

40

늦깎이 은행원의
역전 드라마

인생이라는 무대에서 누구나 스포트라이트를 받는 주인공이 되기를 꿈꿉니다. 하지만 모두가 처음부터 화려한 조명을 받으며 무대 중앙에 서는 것은 아닙니다. 어떤 이는 남들보다 늦게, 수많은 인파에 가려진 무대의 가장자리에서 자신의 첫 연기를 시작하기도 합니다. 그때 대부분의 사람은 자신의 초라한 처지를 비관하며 일찌감치 주연의 꿈을 접는다고 합니다.

하지만 여기, 변두리에서 시작했지만, 무대 전체를 꿰뚫어 보는 지혜로 자신을 극의 중심에 세운 남자가 있는데 바로 J 전 이사장입니다. 금융인으로서 남들보다 한참 늦게 출발했던 그는, '나는 기껏해야 차장으로 그만두겠구나'라고 체념하며 담배 연기를 내뿜던 동료들 사이에서 남다른 생각을 품었습니다. '남이 차려놓은 밥상에서 내 몫의 수저를 들지 못한다면, 내가 직접 밥상을 차리면 되지 않는가?' 이 대담하고도 발칙한 생각은, 그에게 주어진 환경의 희생자가 되기를 거부하고 자기 인생의 연출가가 되겠다는 강력한 선언이었습니다.

그를 만난 곳은 서울의 한 오피스텔 사무실이었습니다. 거대한 창밖으로 쉴 새 없이 움직이는 도시의 풍경은, 그가 든든한 버팀목이 되어주고자 하는 수많은 소상공인의 치열한 삶의 현장이기도 했습니다. 잠시 후 나타난 그는 30년간 냉정한 숫자를 다루는 금융업에 종사한 사람이라고는 믿기 어려울 만큼, 소탈하고 온화한 인문학자의 인상을 풍겼습니다. 그의 서가에 꽂힌 노자의 『도덕경』과 역사책들은, 그가 얼마나 깊이 있는 사유를 통해 세상과 사람을 이해하려 노력하는지를 짐작하게 했습니다. 그에게 금융은 단순한 돈의 흐름이 아니라, 인간의 욕망과 사회의 역사가 얽힌 복잡한 생태계였던 것입니다.

"어서 오십시오. 여기까지 오시느라 힘드셨겠습니다."

차분하지만 힘 있는 그의 목소리에는 상대방을 무장 해제시키는 편안함이 담겨 있었습니다.

변두리에서 품은 발상, '나만의 밥상'을 차리다

우리는 서울의 역동적인 전경이 그림처럼 펼쳐진 창가에 자리를 잡고 이야기를 시작했습니다.

"이사장님의 이력을 보면 남들보다 조금 늦게 사회생활을 시작하셨습니다. 늦은 출발에 대한 불안감이나 초조함은 없으셨는지, 그리고 그 명백한 불리함을 딛고 이사장 자리까지 오르기까지, 이사장님의 인생을 바꾼 결정적인 터닝 포인트는 무엇이었는지 궁금합니다."

질문을 받은 그는 잠시 생각에 잠기더니, 자신의 과거를 가감 없이 솔직하게 털어놓았습니다.

"저는 대학도, 입사도 남들보다 꽤 늦었습니다. 입사하고 보니 저와 같은 고등학교를 졸업한 동문이 이미 번듯한 대리 직급을 달고 제 상사가 되어 있더군요. 당시 은행에서 대리는 하늘 같은 직급이었고, 저처럼 늦게 입사한 동기끼리 모이면 '우리 신세는 뻔하다, 기껏해야 차장으로 퇴직하겠구나'라며 한숨 섞인 푸념을 늘어놓곤 했습니다. 그런데 이상하게 저는 그런 생각이 들지 않았습니다. 오히려 '남들이 차려놓은 이 밥상에서 성공하지 못한다면, 내가 직접 내 밥상을 차리면 되지 않을까?' 하는 엉뚱한 생각을 했죠. 물론 그냥 해본 농담이었지만, 그 말속에는 제 나름의 자존심과 각오가 담겨 있었던 셈입니다."

그의 터닝 포인트는 바로 그 절망적인 상황, 모두가 체념하던 그 순간에 남다른 생각을 품는 것에서부터 시작되었다고 말했습니다. 그는 우연한 기회에 노동조합 간부로 활동하게 되었습니다. 많은 사람이 조직의 주류에서 밀려난다고 생각할 수도 있는 그 자리에서, 그는 오히려 조직 전체를 조망할 수 있는 누구도 갖지 못한 특별한 망원경을 손에 쥐었습니다.

"노동조합 간부를 하다 보니 조직 전체가 어떻게 돌아가는지가 한눈에 보이더군요. 보통의 초급 행원이라면 결코 가질 수 없는 거시적인 시야를 갖게 된 겁니다. 노조 활동을 하다 보면 자연히 경영진과 부딪칠 일이 많은데, 그 과정에서 저는 조직의 굉장히 높은 분이었던 종합 기획부장님과 자주 대화하며 가까워질 수 있었습니다. 처음에는 불편한 관계였지만, 대화를 거듭하면서 그분께서 제 생각이나 가능성을 높게 봐주셨던 것 같습니다. 그리고 제가 노조 활동을 그만둘 무렵, 해외 유학생을 모집했는데 그분께서 저를 적극적으로 추천해 주셨습니다. '저 친구는 생각이 깊고 조직을 볼 줄 아는 눈이 있으니, 더 넓은 물에서 공부할 기회를 줘야 한다'라고 말입니다. 그것이 제 인생의 경로를 완전히 바꾼 결정적인 계기가 되었습니다. 만약 제가 남들처럼 좋은 부서에 배치받기 위해 아등바등하며 평범한 직원으로만 머물렀다면, 결코 얻지 못했을 인생의 선물이었습니다."

그는 위기를 기회로 만들었습니다. 남들이 한직이라고 생각했던 자리에서 조직의 핵심을 꿰뚫는 통찰력을 길렀고, 자기 잠재력을 알아봐 줄 인생의 멘토를 만났습니다. 그리고 그가 만반의 준비를 마치고 돌아왔을 때, 한국 사회에는 거대한 태풍이 불어닥쳤습니다.

"IMF는 모두에게 끔찍한 위기였지만, 솔직히 저에게는 엄청난 기회였습니다. 기존의 학연, 지연, 연공서열 같은 낡은 시스템이 모두 무너지고, 오직 능력과 실력으로 사람을 평가하는 냉정한 시대가 온 겁니다. 해외에서 새로운 금융 환경을 공부하고 돌아온 저는, 조직이 마주한 문제에 대해 누구보다 강하게 의견을 내고 구체적인 대안을 제시할 수 있었습니다. 그렇게 변화의 거대한 파도를 타면서, 아마 평범한 차장으로 퇴직했을지도 모를 제 운명이 완전히 바뀌게 된 것입니다."

위기의 파도를 기회로, 준비된 자의 역전 드라마

그의 이야기는 '준비된 자에게 기회가 온다'라는 평범한 진리를 다시 한번 일깨워주었습니다. 저는 그에게 그렇다면 이 시대의 청년들은 무엇을, 어떻게 준비해야 하는지에 대해 물었습니다. 그의 대답은 깊고 단호했습니다.

"저는 청년들에게 절대 서두르지 말라고 당부하고 싶습니다. 당장 취업이 어렵다고 해서 토익 점수나 학점 같은 눈에 보이는 스펙에만 매달려서는 안 됩니다. 그것보다 훨씬 중요한 것은, 인간과 역사에 대한 깊이 있는 공부를 통해 세상을 보는 자신만의 눈, 자신만의 철학을 갖추는 것입니다. 사회가 앞으로 어떻게 변할 것인지 큰 흐름을 예측하고, 사람과 사람 사이의 관계가 얼마나 중요한지를 깨닫고, 우리 사회가 아파하는 것을 함께 보듬을 줄 아는 그런 성숙한 인간이 되어야 합니다. 그런 깊이를 갖춘 인재는, 스펙이 조금 부족하더라도 어떤 조직에서든 탐낼 수밖에 없습니다. 그러니 당장의 현실에 좌절하지 말고, 긴 호흡으로 자신을 갈고닦는 '진짜 공부'를 하길 바랍니다. 그러면 기회는 반드시, 생각지도 못한 모습으로 찾아올 겁니다."

J 전 이사장과의 대화를 통해, 저는 '기회'란 가만히 기다리는 자에게 주어지는 선물이 아니라, 보이지 않는 곳에서 묵묵히 자신만의 칼을 가는 자가 쟁취하는 전리품임을 깨달았습니다. 그는 자신의 처지를 탓하며 주저앉는 대신, 자신만의 시각으로 세상을 분석하고 실력을 쌓았습니다. 그리고 마침내 위기의 파도가 밀려왔을 때, 그는 가장 높이 솟아오를 준비가 되어 있는 유일한 사람이었습니다. 그의 삶은 우리에게 묻고 있었습니다. 당신은 지금, 당신이 서 있는 그 자리에서 무엇을 보고, 무엇을 준비하고 있는가? 라고요.

준비의 열쇠

지금 처한 환경을 탓하지 마십시오. 변두리에 섰을 때 비로소 전체가 보입니다. 남들이 보지 못하는 것을 보고, 위기의 순간을 대비해 묵묵히 실력을 기르십시오. 준비된 당신에게 위기는, 인생에서 가장 짜릿한 역전의 기회가 될 것입니다.

{ 5부 }

벼랑 끝, 그곳에서 운명의 문은 열린다

THE SECRET TO CREATING YOUR OWN LUCK

인생의 전환점은 운명처럼 주어지는 특별한 순간이 아니라, 우리 스스로 만들어내는 치열한 각성의 순간입니다. 가장 편안할 때 나태함을 경계하고, 가장 고통스러울 때 오히려 기회로 여기며 자신을 단련해야 합니다. '나는 원래 이런 사람'이라는 한계에 갇히기보다 일과 상황에 맞춰 자신을 재창조하는 노력을 하고, 실패를 두려워하지 않고 스스로 껍질을 깨는 고통을 감내할 때 비로소 운명을 바꾸는 진정한 힘을 얻게 됩니다. 결국 인생의 모든 순간을 터닝 포인트로 만드는 것은, 어떤 역경 속에서도 '죽을 각오'로 덤벼드는 절실함과 용기입니다.

41

죽을 각오로 일하는
사람은 성공한다

 벼랑 끝에 내몰린 순간, 인간은 자신의 가장 깊은 밑바닥과 정면으로 마주합니다. 모든 것을 놓아버리고 싶다는 검은 절망과, 그럼에도 불구하고 이대로는 죽을 수 없다는 처절한 생존 본능 때문입니다. 그 극한의 갈림길에서 어느 쪽으로 몸을 던지느냐가 한 사람의 운명을 결정짓는다고 합니다.
 여기, '죽을 용기가 있다면 그 용기로 세상에 못 할 일은 없다'라고 피토하듯 단언하는 남자가 있습니다. 한때 수천억 원의 부채 더미 위에서 파산 선고만을 기다리던 조직을 기적적으로 회생시킨 K 사장입니다. 그의 이야기는 '죽을 각오'라는 처절한 진심이 어떻게 불가능의 성벽을 무너뜨리고 새로운 역사를 쓰는지를 보여주는 한 편의 생생하고도 압도적인 증언이었습니다.
 약속 장소인 사무실에서 만난 그는, 마치 오랜 세월 비바람을 맞으며 단단하게 벼려진 잘 드는 칼날 같은 인상을 주었습니다. 다부진 체격과 한 치의 흔들림도 없는 눈빛, 거침없고 단호한 말투 속에는 수많은 위기를 맨몸으로 돌파해 온 야전사령관의 강한 자신감이 배어 있었습니다. 그는 자신의 성공을 미화하거나 포장하는 법이 없었습니다. 오직 '죽기 살기'로 덤벼들었을 뿐이라고, 그는 담백하지만 묵직하게 말했습니다.

"취임과 동시에 수천억 원의 부채를 떠안으셨습니다. 모든 사람이 불가능하다고, 신의 영역이라고 말했던 절체절명의 위기 상황을 극복하고, 이제는 공기업 혁신의 상징으로 불리고 있습니다. 그 피 말리는 시간을 이겨낼 수 있었던 원동력, 사장님 인생의 근본을 바꾼 터닝 포인트는 무엇이었습니까?"

제 질문에 그는 일말의 망설임도 없이, 단호한 목소리로 답했습니다.

"제 인생의 터닝 포인트는 사무관으로 승진하고 나서, 비로소 세상을 다른 눈으로 보게 된 순간입니다. 아이러니하게도 승진 후 처음 발령받은 곳은 소위 말하는 한직이었습니다. 아침에 출근해서 서류에 사인하고 순찰 한 번 돌고 나면 더 이상 할 일이 없었죠. 처음엔 편해서 좋았지만, 얼마 지나지 않아 끔찍한 위기감이 몰려왔습니다. '내가 지금 여기서 뭘 하고 있는가? 이대로 편안함에 젖어 도태되어 버리는 것인가?' 그 질문이 머릿속을 떠나지 않았습니다. 그리고 그때 깨달았죠. '아, 이대로는 안 된다. 진짜 인정을 받으려면 나만의 무기가 있어야 한다. 기술자는 자격증으로, 실력으로 말하는 것이다.' 그때부터 하루 4시간만 자면서 잠을 쪼개가며 미친 듯이 공부했습니다. 제 40대는 그렇게, 안락함과 치열하게 싸우며 저 자신을 완전히 담금질하는 시간이었습니다."

안락함의 독, 스스로를 벼랑 끝으로 내몬 각성

그의 터닝 포인트는 외부에서 주어진 극적인 사건이 아니라, 편안함 속에서 스스로 길어 올린 내면의 치열한 각성에서 시작되었다고 말했습니다. 그는 안락함의 달콤함 뒤에 숨겨진 치명적인 독을 직감했고, 스스로를 채찍질하며 미래를 준비했습니다. 그렇게 피와 땀으로 다져진 단단한 내공은, 훗날 그가 거대한 위기와 마주했을 때 결코 흔들리지 않는 버팀목이 되어주었다고 말했습니다.

"솔직히 말해, 저는 남들보다 빨리 승진한 편입니다. 특진도 여러 번 했죠. 그러다 보니 주변의 시기와 오해도 많이 받았습니다. '저 사람은 운이 좋아서, 줄을 잘 서서 저렇다'라는 말도 들었죠. 하지만 그런 어려움 속에서도 제가 단 한 번도 자신감을 잃지 않았던 것은, '내가 실력을 갖추고 준비가 되어 있다면, 언젠가는 반드시 진심을 인정받을 수 있다'라는 저 자신에 대한 확고한 믿음이 있었기 때문입니다. 운이나 인맥이 아니라, 오직 피나는 노력으로 얻은 실력만이 진짜 내 것이라는 믿음 말입니다."

그의 말에는 자신의 실력에 대한, 그리고 그 실력을 쌓아온 과정에 대한 추상같은 자부심이 있었습니다. 그리고 그 믿음은 거대한 침몰선 위에서 가장 강력한 리더십의 원천이 되었습니다. 그는 직원들에게 '고정관념을 버려라'라고, '공무원이라는 생각부터 버려라'라고 외쳤습니다. 그리고 마침내, 모두가 불가능하다고 고개를 저었던 부채 전액 상환이라는 신화를 현실로 만들어냈습니다. 저는 그에게 이 시대의 청년들이 가져야 할 자세에 대해 물었습니다. 그의 대답은 한 자루의 예리한 비수처럼, 현실의 심장을 정확하게 꿰뚫었습니다.

"바닥부터 시작하라는 말을 해주고 싶습니다. 요즘 젊은이들은 너무 쉽게 가려고만 합니다. 부모덕 볼 생각, 사회에 기대려는 생각부터 버려야 합니다. 진짜 자기가 무언가를 이루고 싶다면, 죽을 각오로 덤벼야 합니다. 제가 늘 하는 말이 있습니다. 사람이 정말 죽을 용기가 있으면, 그 용기로 세상에 못 해낼 일이 없습니다. 죽는 사람은 실패한 것이지만, 죽을 각오로 일하는 사람은 반드시 성공합니다. 그 절박함과 처절함이 바로 성공의 비전을 만들어내는 것입니다. 편안한 길만 찾아서는 결코 자신만의 길을 만들 수 없습니다."

그의 메시지는 어쩌면 달콤한 위로에 익숙한 요즘 청년들에게는 너무 가혹하고 폭력적으로 들릴지도 모릅니다. 하지만 그것은 파산 직전의 조직을 살려낸 한 리더가 자신의 온몸으로 체득한, 그 어떤 미사여구로도 포장할 수 없는 날것 그대로의 진실이라는 생각이 들었습니다.

안락한 위로는 현실을 단 1밀리미터도 바꿀 수 없습니다. 오직 벼랑 끝에 섰을 때 비로소 터져 나오는 처절한 의지, '죽을 각오'만이 굳게 닫힌 운명의 문을 부수고 새로운 길을 열 수 있다는 것입니다. K 사장과의 만남은 내내 정신이 번쩍 들 만큼 뜨거웠습니다. 그의 삶은 저에게, 그리고 이 시대를 살아가는 우리 모두에게 묵직한 질문을 던지고 있었습니다.

당신은 지금, 당신의 삶에 '죽을 각오'로 임하고 있는가? 라고….

신뢰의 열쇠

안락함에 안주하지 마십시오. 가장 편안할 때 위기를 직감하고, 자신을 담금질할 준비를 하십시오. 그리고 벼랑 끝에 섰을 때, 죽을 각오로 덤벼드십시오. 그 처절한 의지야말로 불가능의 벽을 무너뜨리고 새로운 길을 여는 유일한 신뢰의 열쇠입니다.

42

모든 순간을
터닝 포인트로 만드는 삶

 인생의 '터닝 포인트'는 과연 언제 찾아오는 것일까요. 우리는 흔히 어떤 극적인 사건이나 운명적인 만남, 혹은 거대한 시련의 극복이 인생의 경로를 송두리째 바꾸는 결정적인 한순간이 될 것이라고 기대합니다. 그리고 그 특별한 순간이 어서 빨리 자신에게 찾아오기만을 막연히 기다립니다.
 하지만 여기, 자신의 인생에는 이렇다 할 특별한 터닝 포인트가 없었다고 말하는 사람이 있습니다. 그에게는 삶의 모든 순간이 치열한 노력의 연속이었고, 그 자체가 하나의 거대한 터닝 포인트였기 때문입니다. L 전 총장의 이야기는 위대한 성취가 단 한 번의 극적인 전환으로 이루어지는 것이 아니라, 매일매일의 성실한 노력이 벽돌처럼 쌓여 만들어지는 장대하고도 경건한 서사임을 깨닫게 합니다.

 그를 만나기 위해 찾은 캠퍼스는 그의 철학이 고스란히 녹아 있는 듯, 젊은 활기와 단정한 학구적 기운으로 가득했습니다. 교수 연구실에서 만난 그는 수십 년간 상아탑을 지켜온 원로다운 깊은 연륜과 온화한 품격을 지니고 있었습니다. 하지만 악수를 위해 내민 그의 손은 놀라울 만큼 따뜻하고 힘이 넘쳤습니다. 그의 눈빛 속에는 여전히 식지 않은 교육에 대한 열정과 미래 세대를 향한 뜨거운 에너지가 고스란히 담겨 있었습니다.

"교수님의 삶은 그 자체가 우리나라 고등교육의 역사와도 같습니다. 평교수에서 시작해 최고의 자리에 오르기까지, 수많은 직책을 거치시며 단 한 순간도 쉼 없이 달려오셨습니다. 그 기나긴 여정 속에서, '바로 이 순간이 내 인생을 바꾸었다'라고 회고할 만한 결정적인 터닝 포인트가 있었는지 궁금합니다."

제 질문에 그는 잠시 부드러운 미소로 화답하더니, 예상과는 다른, 그러나 그의 삶을 관통하는 핵심적인 대답을 내놓았습니다.

"저는 평생을 무에서 유를 창조한다는 정신으로, 단 하루도 허투루 살지 않으려 노력하며 살아왔습니다. 그래서 그런지 특별히 어느 한순간을 제 인생의 터닝 포인트라고 꼽기는 어렵습니다. 제게는 매 순간이 터닝 포인트였습니다. 외국에서 외롭게 학위를 받고 돌아와 강단에 처음 섰던 그 순간부터, 학생처장, 기획실장, 대학원장을 거쳐 부총장과 총장에 이르기까지, 저는 단 한 번도 쉬지 않고 달려왔습니다. 제 고향인 이곳에 돌아와 후학을 양성하며 제 인생 마지막 봉사하는 지금, 이 순간까지도, 제 삶은 그저 노력의 연속이었습니다. 그러니 제게는 모든 순간이 소중한 터닝 포인트였다고 말하는 것이 가장 정확할 겁니다."

노력은 배신하지 않는다, 피와 땀으로 증명한 삶의 진리

그의 대답은 저에게 '터닝 포인트'라는 개념 자체를 다시 생각하게 했습니다. 어쩌면 인생을 바꾸는 것은 외부에서 찾아오는 특별한 기회가 아니라, 모든 순간을 마지막인 것처럼 여기며 최선을 다해 살아내는 내면의 성실한 태도일지도 모른다는 생각입니다. 그는 '노력한 만큼의 대가만이 있다'라는 것을 평생의 좌우명으로 삼고, 그 진리를 자신의 삶으로 증명해 왔다고 말했습니다. 그의 '노력 철학'은 그가 이끄는 대학의 교육 방식과 성과에서도 그대로 드러납니다. 이곳은 '취업이 보장되는 대학'으로 명성이 높습니다. 학생들은 졸업 전에 평균 5~6개의 자격증을 취득할 정도로 치열하게 자신의 미래를 준비합니다.

"자격증 하나 없이 그저 졸업장만 들고 사회에 나간 사람이, 우리 학생들과 경쟁이 되겠습니까? 사회가 필요로 하고 국가가 필요로 하는 실용적인 기술을 익히고, 그것을 증명할 수 있는 자격을 갖춰서 세상에 내보내는 그것이 우리 대학이 해야 할 일입니다. 하지만 제가 그보다 더 중요하게 생각하는 것이 있습니다. 바로 인성 교육입니다. 옛 어른들께서 늘 '먼저 사람이 돼라'라고 말씀하셨죠. 칸트는 '인간을 인간답게 만드는 것이 교육'이라고 했습니다. 아무리 뛰어난 기술을 가진 인재라 하더라도, 그 바탕에 올바른 인성이 없다면 사회에 해악을 끼치는 존재가 될 수도 있습니다. 기술을 가르치기 전에, 먼저 인간다운 인간을 만드는 것, 그것이 교육의 출발점이자 종착점이라고 저는 믿습니다."

저는 평생을 '노력'이라는 단 하나의 화두를 굳건히 붙들고 살아온 그가, 노력의 가치가 폄하되기도 하는 오늘날의 청년들에게 어떤 말을 해주고 싶은지 물었습니다.

"저는 요즘 젊은이들에게 꼭 '노력하라'라고, 피 토하는 심정으로 강조하고 싶습니다. 세상의 이치는 아주 간단합니다. 인간은 딱 자기가 노력한 만큼의 대가만을 얻게 됩니다. 절대로 그 이상의 대가를 바라서는 안 됩니다. 요행을 바라거나, 적당히 노력하고 큰 결과를 얻으려는 마음을 가장 경계해야 합니다. 그리고 노력하되 그냥 적당히 해서는 안 됩니다.

'최선의 노력'이어야 합니다. 아무리 머리가 좋은 천재라도, 죽기 아니면 살기로 노력하는 사람을 당해낼 수는 없습니다. 재능을 믿고 노력을 게을리하는 사람은 결국 노력하는 범재에게 추월당하게 되어 있습니다. 항상 최선을 다해 노력하는 삶을 살아라, 그것이 제가 제자들과 젊은이들에게 늘 해주고 싶은 유일한 말입니다."

그의 메시지는 단순했지만, 평생을 통해 그 진리를 몸소 증명해 온 노학자의 말이었기에 그 어떤 화려한 수사의 조언보다 무겁고 단단하게 가슴에 와서 박혔습니다. 그는 인생의 특별한 전환점을 기다리기보다, 매일매일의 성실한 삶을 위대한 전환점으로 만들어가는 사람이었습니다. 그의 인생은 우리에게 보여주고 있었습니다. 가장 위대한 기적은, 하루하루 벽돌을 쌓아 올리듯 쌓아 올린 성실한 노력의 다른 이름이라는 것을 보여주고 있었습니다.

정직의 열쇠

인생의 극적인 터닝 포인트를 기다리지 마십시오. 당신이 살아가는 모든 순간을 터닝 포인트로 만드십시오. '최선의 노력'만이 유일한 길임을 믿고, 매일 자신의 모든 것을 쏟아붓는 사람에게 인생은 노력한 만큼의 정직한 대가를 반드시 돌려줄 것입니다.

43

아내의 제안,
내 인생의 모험

　우리는 살면서 수없이 '이건 내 길이 아니야'라는 말을 되뇌곤 합니다. 자기 적성과 능력, 성격에 맞지 않는 일을 해야만 할 때, 우리는 너무나 쉽게 포기하고 다른 길을 찾아 나섭니다. 하지만 과연 그래야만 할까요. 어쩌면 진정한 성공이란 나에게 꼭 맞는 일을 찾아 헤매는 것이 아니라, 지금 내가 서 있는 이 길 위에서, 그 일에 가장 최적화된 사람으로 나 자신을 송두리째 바꾸어내는 치열한 연금술의 과정은 아닐까 싶습니다.

　여기, 자신에게 주어진 일을 '내 길'로 만들기 위해 자기 자신을 완전히 재창조해 낸 한 남자가 있습니다. 술 두 잔이면 얼굴이 붉어지고, 내성적인 성격 탓에 주변 사람들로부터 '목사님' 또는 '신부님'이라 불리던 남자입니다. 그런 그가 이제는 수많은 손님을 상대하며 연 매출 수십억 원의 외식 사업을 이끄는 성공한 대표가 되었습니다. 바로 M 대표입니다. 그의 이야기는 한 인간이 자신의 타고난 기질과 성향이라는 감옥을 어떻게 부수고 나와 새로운 사람이 될 수 있는지를 보여주는 감동적인 자기 혁명의 기록입니다.

그의 성공 신화가 시작된 매장에서 만난 그는, 여전히 '술집 사장님'이라는 수식어가 조금은 어색하게 느껴질 만큼 차분하고 섬세한 분위기를 풍겼습니다. 시끌벅적하고 활기찬 가게의 열기 속에서도 그의 주변만은 고요한 호수처럼 평온했습니다. 그 이질적인 조화 속에서 나는, 그가 지금의 모습이 되기까지 얼마나 치열하고 고통스러운 내면의 싸움을 거쳤을지를 어렴풋이 짐작할 수 있었습니다.

"대표님께서는 원래 외식업과는 전혀 다른, 조용하고 내성적인 성격의 직장인이셨다고 들었습니다. 그런 대표님께서 지금은 누구보다 성공적으로 외식업을 이끌고 계십니다. 그야말로 상상하기 힘든 극적인 변화입니다. 대표님 인생의 방향을 180도 바꾸게 된, 그 결정적인 터닝 포인트는 무엇이었습니까?"

적성을 탓하지 마라, 나를 일에 맞추는 자기 혁명

제 질문에 그는 쑥스러운 듯 머리를 긁적이더니, 자신의 인생을 바꾼 단 한 사람, 그의 아내에 대한 이야기를 꺼냈습니다.

"제 인생의 터닝 포인트는 다른 무엇도 아닌, 제 아내를 만나 함께 요리주점을 처음 시작한 바로 그 순간입니다. 당시 저는 평범한 직장인이었고, 아내는 서비스 직종에서 오래 근무한 경험이 많았습니다. 어느 날 아내가 저에게 '우리 같이 장사를 해보면 어떨까? 당신 월급 받는 것보다는 나을 것 같은데.' 하고 제안했습니다. 솔직히 저는 망설여졌습니다. 앞서 말씀드렸듯 저는 술도 거의 못 하고, 시끄러운 유흥 문화 자체를 싫어하는 편에 가까웠으니까요. 하지만 '돈을 많이 벌 수 있을 것 같다'라는 아내의 자신감 넘치는 말과, 무엇보다 그녀의 경험과 판단을 믿어보기로 했습니다. 그렇게 저희는 각자 모은 결혼자금 500만 원씩, 총 1,000만 원을 들고 겁 없이 장사를 시작했습니다."

하지만 현실은 녹록지 않았습니다. 장사에 대해 아는 것이라고는 하나도 없었던 그는, 술에 취한 손님이 가게에 들어오면 인상을 쓰며 노려볼 정도로 서비스 마인드가 엉망이었습니다. 그런 그를 이끌고 변화시킨 것은 바로 그의 아내였습니다. 그녀는 그의 가장 혹독한 스승이자 가장 든든한 멘토가 되어주었습니다.

"아내는 저를 데리고 다니며 마치 신입 사원을 교육하듯 하나부터 열까지 가르쳤습니다. 유명한 음식점, 잘되는 가게들을 수없이 돌아다니며 그들이 손님을 어떻게 대하는지, 어떤 마음으로 장사를 하는지를 직접 보게 했습니다. 한번은 어느 PC방에 갔는데, 사장님이 손님에게 커피를 권하고, 잠시 후 그 손님의 컵이 빈 것을 보고는 말없이 다가와 '한 잔 더 드릴까요?'라고 묻는 모습을 보았습니다. 그 사소한 장면을 놓치지 않고 아내가 제게 말했습니다. '여보, 봤어? 바로 저런 것이 장사야. 손님을 저런 마음으로 대할 수만 있다면, 우리는 무조건 성공할 수 있어.' 그때 정말 망치로 머리를 한 대 세게 맞은 것 같았습니다. '아, 그렇구나. 이렇게 해야 돈을 버는구나. 손님을 노려보는 게 아니라, 어떻게든 손님에게 하나라도 더 드리고 정성을 다해야 하는구나.' 그 깨달음의 순간부터, 저는 저 자신을 바꾸기 위해 필사적으로 노력하기 시작했습니다. 아내는 세게 장사의 기술이 아니라, 사람의 마음을 얻는 법, 세상을 대하는 태도를 가르쳐주었던 겁니다. 저는 지금도 제 인생 최고의 스승이자 진정한 멘토는 제 아내라고 주저 없이 말합니다."

절실함, 타고난 기질마저 바꾸는 가장 뜨거운 불꽃

그는 자신을 바꾸었습니다. 일이 자신에게 맞춰주기를 기다리지 않았고, 자신이 일에 맞는 사람이 되기 위해 타고난 성격마저 바꾸려 애썼습니다. '내가 절실하면, 내 적성 같은 것은 더 이상 문제가 되지 않는다'라는 것을 뼈저리게 깨달은 것입니다.

"저는 지금도 술을 잘 못 먹는 사람이지만, 사랑하는 내 처자식을 먹여 살려야 한다는 그 절실함이, 저를 이 술 파는 주점 사업에 가장 최적화된 인간으로 만들었다고 생각합니다. 이제는 스스로 돌이켜봐도, 고객을 상대하고 직원을 관리하고 끊임없이 새로운 서비스를 고민하는 이 서비스업에 저만큼 최적화된 사람이 또 있을까 싶을 정도입니다. 결국 중요한 것은 어떤 분야든, 자기 자신을 거기에 맞춰가는 노력과 과정입니다. '나는 원래 이런 사람이라 안 돼'라고 선을 긋는 순간, 성장은 멈추는 겁니다."

저는 그에게, 자신에게 맞는 일을 찾지 못해 끊임없이 직업을 바꾸며 방황하는 이 시대의 청년들에게 어떤 조언을 해주고 싶은지 물었습니다.

"요즘 청년들은 '내 적성에 맞는 일이 뭘까'를 찾아다니는 데 너무 많은 시간과 에너지를 쓰는 것 같습니다. 하지만 저는 그보다 훨씬 중요한 것이 '끈기'와 '절실함'이라고 생각합니다. 무슨 일이든 한번 시작하면 그것으로 끝장을 보겠다는 끈기와 참을성이 너무 부족합니다. 조금이라도 어려움에 부딪히면 너무 쉽게 포기하고 좌절하며 또 다른 새로운 일을 찾아 나서죠. 하지만 어려움을 참고 견뎌내면, 그 자리에서 반드시 새로운 길이 열립니다. 그리고 그 어려움을 견디게 하는 힘은 바로 '절실함'에서 나옵니다. 목표를 이루기 위한 절실함과 열정이 있다면, 어떤 일이든 해낼 수 있습니다. 그러니 지금 당신이 하는 그 일에, 당신 자신을 한번 던져보십시오. 그리고 그 일의 달인이 되기 위해, 자신을 거기에 맞춰 완전히 다른 사람으로 바꾸어 보십시오."

M 대표와의 대화는 저에게 '성공'의 정의를 완전히 다시 쓰게 만들었습니다. 그것은 타고난 재능이나 완벽하게 주어진 환경에서 비롯되는 것이 아니었습니다. 오히려 자신의 부족함과 한계를 정면으로 인정하고, 그것을 채우기 위해 자신을 부수고 재창조하는 처절한 노력 속에서 피어나는 눈물겨운 꽃이었습니다. 그의 삶은 우리에게 묻고 있었습니다.

당신은 당신에게 맞는 세상을 찾아 끝없이 헤매고 있는가, 아니면 지금 이 세상에 가장 잘 맞는 당신을 치열하게 만들어가고 있는가? 라고….

절실함의 열쇠

당신의 적성을 탓하며 일을 바꾸려 하지 마십시오. 당신 자신을 일에 맞는 사람으로 바꾸십시오. 절실함과 끈기를 가지고 자신을 던져, 하고 있는 일의 최고가 되겠다는 각오로 임하십시오. 나를 바꾸는 그 치열한 과정 끝에, 세상이 당신에게 맞춰 움직이기 시작할 것입니다.

44

넘을 수 없는 벽을
넘었을 때의 자신감

 맛집 탐방을 즐기는 이들에게 경기도 여주의 보석 같은 곳을 물으면, 열에 아홉은 망설임 없이 한 일식 횟집을 꼽습니다. 1999년부터 전문 음식점으로 명성을 쌓아온 이곳은, 이제 여주를 넘어 전국적인 명소가 되었습니다. 2014년에는 여주시 외식 업소 중 가장 많은 세금을 낼 정도로 높은 매출을 기록했고, 4층짜리 건물 전체가 N 대표의 소유이기에 임대료 걱정도 없습니다.

 '연 매출 20억 사장'이라는 화려한 수식어가 있는 곳입니다. 그러나 그 이면에 '봉제 공장 여공'이라는 반전의 한 줄이 자리하고 있다는 사실을 아는 이는 많지 않습니다. 그 틈에 담긴 거대한 삶의 서사가 궁금해, 저는 차를 몰아 여주로 향했습니다. 강변로에 있는 식당에 들어서자, 평일 오후임에도 불구하고 활기찬 기운이 저를 감쌌습니다. 잘 짜인 동선 속에서 분주히 움직이는 직원들과, 음식 맛에 감탄하는 손님들의 즐거운 대화가 공간을 가득 채우고 있었습니다.

 잠시 후, 예약된 룸으로 저를 안내하기 위해 나타난 N 대표는 단아한 인상과 시원한 미소에서 성공한 사업가의 여유와 자신감이 느껴졌지만, 그 너머로 수많은 풍파를 헤쳐온 사람 특유의 깊은 눈빛이 언뜻 비쳤습니다.

"먼 길 오시느라 고생 많으셨습니다. 이렇게 누추한 곳까지 찾아주셔서 감사합니다."

자신이 일군 성공의 터전을 '누추한 곳'이라 말하는 겸손함에서 여유를 읽을 수 있었습니다. 우리는 마주 앉아 차를 한 잔 나누었고, 저는 곧바로 본론으로 들어갔습니다.

"대표님의 삶은 한 편의 드라마 같습니다. '봉제 공장 여공이 연 매출 20억 사장이 되기까지'라는 문구는 많은 것을 생각하게 합니다. 그 험난한 여정 속에서, 대표님의 인생을 송두리째 바꾼 결정적인 터닝 포인트는 무엇이었습니까?"

가족이라는 벽, 넘을 수 없는 상처를 디딤돌 삼아

제 질문에 그녀는 잠시 창밖을 바라보았습니다. 유유히 흐르는 강물을 따라, 아득한 과거로 거슬러 올라가는 듯했습니다.

"제 삶은 태어날 때부터 벼랑 끝이었다고 해도 과언이 아닙니다. 전라남도 장성의 가난한 집, 몸이 불편하셨던 부모님 때문에 늘 기가 죽어 지냈지요. 중학교 때는 부실장으로 뽑혔지만, 학교에 오시지 않는 부모님을 원망하는 선생님의 질타와 폭행을 견디지 못하고 결국 학교를 등졌습니다. 그렇게 어린 나이에 봉제 공장에 들어가 돈을 벌기 시작했습니다."

그녀의 목소리는 담담했지만, 그 안에 담긴 설움의 무게는 결코 가볍지 않았습니다. 좁은 방에서 대여섯 명이 끼어 자던 시절, 고등학교를 졸업한 동료가 던진 영어 농담을 알아듣지 못해 웃지 못했던 그날의 충격은 그녀를 배움의 길로 이끌었습니다. 피나는 노력 끝에 검정고시를 거쳐 유아교육과에 입학했고, 3년간 유치원 교사로 일했습니다. 그러다 지금의 남편을 만나 결혼하고 10년간 시부모님과 남편을 뒷바라지하며 두 딸을 키웠습니다. 그저 말 없고 순종적인 아내이자 며느리로 살았죠.

"당시 가족들이 운영하던 식당은 적자가 계속 쌓이고 있었지만, 누구도 위기감을 느끼지 못했습니다. 곁에서 지켜보던 저는 깨달았습니다. 단순한 장사가 아니라, 제대로 된 경영과 마케팅이 필요하다는 것을요."

그 깨달음이 그녀의 인생을 바꾼 첫 번째 신호탄이었습니다. 하지만 진짜 전환점은 훨씬 더 고통스러운 시간을 통과한 뒤에 찾아왔습니다.

"제 인생의 첫 번째 터닝 포인트는, 어떻게 보면 그로부터 한참 뒤인 8년 전쯤일 겁니다. 제가 서른두 살 되던 해, '이제부터 가게는 제가 맡겠습니다'라고 선언하고 경영 혁신을 시도했죠. 물론 가족들의 반대는 극심했습니다. 하지만 저는 물러서지 않았습니다. 그런데 사업이 점차 자리를 잡아가자, 다시 예전의 다소곳한 아내와 며느리로 돌아오기를 바라는 가족들과의 갈등이 폭발했습니다. 정말 지옥 같은 시간이었습니다. 마음고생이 너무 심해서 이혼까지 생각했으니까요."

새벽 동이 트기 전이 가장 어둡다고 했던가요. 그녀는 그 끝 모를 어둠 속에서 자기 자신과 마주했습니다.

"그때 깨달았습니다. 내가 감히 넘을 수 없는 벽이라고 생각했던 그 벽을, 바로 가족이라는 이름의 그 벽을 넘어서야만 진짜 내 인생을 살 수 있겠다는 것을요. 그 시기를 겪고 나니 엄청난 자신감이 생겼습니다. 두려움이 사라졌죠. 세상은 내가 움직여야 움직인다는 진리를 온몸으로 체득한 겁니다. 그것이 저를 더 단단하게 만들고, 더 크게 성장시킨 진짜 터닝 포인트였습니다."

스스로 벼랑 끝에 설 때, 비로소 날개는 돋아난다

그녀는 남편을 주방에서 끌어내 함께 공부하기 시작했습니다. 외식 산업 과정을 함께 수료하고, 해외 연수를 다니며 같은 꿈을 꾸기 시작한 것입니다. 성공한 아내의 모습에 의기소침해질 수 있었던 남편을 동반자로 이끈 그녀의 지혜는, 단순히 사업적 수완을 넘어선 깊은 인간적 성찰에서 비롯된 것이었습니다. 이제 그녀는 자신의 이야기를 통해 벼랑 끝에 선 사람들에게 희망을 전하고 있습니다.

"저는 청년들에게 '스스로 혼자 벼랑 끝에 서보라'라고 말하고 싶습니다. 누구에게 떠밀려서가 아니라, 내 의지로 벼랑 끝에 서는 것은 차원이 다릅니다. 스스로 선택한 삶을 의지대로 살아낼 때, 비로소 어깨에 날개가 돋아 두려움 없이 날아오를 수 있습니다. 어린 시절부터 저를 짓누르던 가난과 억압이라는 무거운 누름돌을 걷어내고, 그 안에 배움과 성장, 그리고 나 자신에 대한 믿음을 가득 채워 넣으니, 세상 어떤 벼랑 끝에 서도 두렵지 않은 날개가 생기더라는 사실을 꼭 말해주고 싶습니다."

N 대표와의 대화를 마치고 식당을 나서자, 여주의 하늘은 유난히 맑고 높았습니다. 봉제 공장 여공의 작은 어깨를 짓누르던 그 무거운 누름돌이, 이제는 그녀를 하늘 높이 날게 하는 단단한 디딤돌이 되었음을, 그녀는 자신의 삶으로 그 기적을 증명하고 있었습니다. 스스로 벼랑 끝에 설 용기, 그것이야말로 운명을 내 편으로 만드는 가장 위대한 시작임을, 그녀의 이야기는 우리에게 깊은 울림으로 전하고 있었습니다.

용기의 열쇠

누군가에게 떠밀려서가 아닌, 당신의 의지로 직접 벼랑 끝에 서는 용기를 내십시오. 감히 넘을 수 없다고 생각했던 인생의 벽을 정면으로 마주하고 뛰어넘을 때, 두려움은 사라지고 진정한 자신감이 생겨납니다. 그렇게 스스로 선택한 삶을 살아낼 때, 비로소 당신의 어깨에 두려움 없이 날아오를 수 있는 거대한 날개가 돋아날 것입니다.

45

허허벌판에 내동댕이쳐진 레지던트 1년 차

평균 수명의 연장은 우리에게 더 길어진 노년의 삶을 선물했지만, 그 시간의 '질'에 대한 고민 역시 함께 안겨주었습니다. 특히 중년 남성들에게 비뇨기 질환은 삶의 만족도를 결정하는 중요한 문제이지만, 여전히 많은 이들이 비뇨기과 문턱을 넘는 것을 주저합니다.

이러한 현실 속에서 '정통 비뇨기과'를 표방하며 환자들의 신뢰를 얻고 있는 곳이 있습니다. 대학병원 이상의 장비와 시스템, 그리고 무엇보다 환자의 마음을 편안하게 해주는 의사가 있는 곳. 남성 비뇨기과를 운영하는 O 대표 원장을 만나기 위해 한 병원을 찾았습니다.

병원에 들어서자, 전 직원이 남성으로 구성된 세심한 배려가 먼저 눈에 띄었습니다. 비뇨기과 방문을 망설이는 남성들의 부끄러움을 덜어주기 위한 공간. 잠시 후 진료실에서 나온 O 대표원장은 털털하고 유쾌한 인상이었습니다. 하지만 상담을 위해 마주 앉자, 그의 눈빛은 한 치의 오차도 용납하지 않는 완벽주의자의 그것으로 변했습니다. 환자와 대화할 때는 다시 편안한 형처럼 부드러워지는 그의 모습에서, 실력과 공감 능력을 겸비한 좋은 의사의 품격이 느껴졌습니다.

"원장님께서는 정통 비뇨기과의 길을 뚝심 있게 걸어오고 있습니다. 주변의 우려에도 불구하고 자신만의 길을 개척할 수 있었던 힘, 그 원동력이 된 인생의 터닝 포인트가 궁금합니다."

제 질문에 그는 잠시 과거를 회상하는 듯, 깊은 생각에 잠겼습니다. 그의 인생에서 가장 치열했던 시간, 그를 지금의 모습으로 단련시킨 용광로 같던 시절의 이야기였습니다.

"제 인생의 터닝 포인트는 '레지던트 1년 차' 시절입니다. 의대 학부 생활이 아무리 힘들다 해도 공부만 하면 되는 시기였다면, 레지던트 1년 차는 주치의로서 실전에 바로 투입되는, 그야말로 허허벌판에 내동댕이쳐진 것과 같았습니다. 아는 것은 없는데 모든 책임을 져야 했죠."

뼈를 깎는 노력, 인생 전체를 지탱할 단단한 뿌리가 되다

그의 이야기는 상상을 초월하는 노동 강도에 대한 생생한 증언이었습니다.

"하루에 한두 시간 쪽잠을 자며 발이 부르트도록 일만 했습니다. 새벽 회진 시간에 맞춰 밤새 입원 환자들을 돌보고, 수많은 기록과 콘퍼런스를 준비해야 했습니다. 제 스타일이 뭐든 빨리 끝내고 쉬어야 하는데, 해도 해도 일이 끝나지 않는 겁니다. 잠을 안 자고 밤을 새워도 일이 끝나지 않을 것 같은 공포. 거기다 응급실 콜까지 받아야 했으니, 그야말로 극한의 육체적, 정신적 고통을 겪었습니다."

그는 그 시간을 '죽을 것 같은 고통'이었다고 표현했습니다. 하지만 그 고통 속에서 그는 도망치지 않았습니다. 오히려 정면으로 부딪쳤습니다.

"그 시기를 겪고 나니, 제 안에 많은 성숙이 일어났습니다. 육체적으로는 어떤 힘든 일도 견딜 수 있는 내성이 생겼고, 정신적으로는 어엿한 한 명의 의사로 성장하고 있었습니다. 그전까지 제가 아이였다면, 그 시간을 통과하며 비로소 어른이 된 셈입니다. 극한의 고통과 노력이 저를 단련시킨 가장 강력한 바탕이 된 것이죠."

그 뼈를 깎는 경험은 그가 세상을, 특히 지금의 청년들을 바라보는 시선에 깊이를 더했습니다.

"요즘 젊은 청년들을 보면 솔직히 안타깝고 불쌍하다는 생각이 먼저 듭니다. 저희 때만 해도 노력하면 올라갈 수 있는 사다리가 있었지만, 지금은 그마저도 없어진 것처럼 보이니까요. 하지만 저는 굳게 믿습니다. 인간사는 동서고금을 막론하고, 노력하는 자에게는 반드시 기회가 찾아온다는 것을요. 너무 힘들고 앞이 보이지 않아도, 젊은 시절에 어느 한 분야에서 극한의 고통을 느끼면서 뼈를 깎는 노력을 한다면 분명히 기회는 옵니다. 20대에 남들과 다른 노력을 한다면 30대에는 스스로 길을 찾을 것이고, 40대에는 완숙미를, 50대에는 사회에 헌신하는 멋진 안목을 갖게 될 것입니다."

O 대표 원장과의 대화를 마치고 진료실을 나서며, 저는 '성장'이라는 단어의 무게를 다시 생각했습니다. 성장은 편안하고 안락한 환경에서 이루어지는 것이 아니었습니다. 그것은 가장 혹독한 시련과 극한의 고통 속에서, 자신의 한계와 치열하게 싸워 이겨낸 자에게만 주어지는 훈장이었습니다. 레지던트 1년 차, 그 지옥 같던 시간은 그에게서 많은 것을 앗아갔지만, 결국 그를 무엇과도 바꿀 수 없는 단단한 강철로 제련해 냈습니다. 당신의 인생에도 기꺼이 통과해야 할 용광로가 있습니까? 그 뜨거움을 피하지 않을 때, 당신의 삶은 비로소 진짜 가치를 발하게 될 것입니다.

노력의 열쇠

젊음이라는 가장 소중한 시기에, 어느 한 분야에서 기꺼이 극한의 고통을 감내하며 뼈를 깎는 노력을 하십시오. 그 지옥 같던 시간의 경험은 당신을 비로소 어른으로 성장시키고, 어떤 힘든 일도 견딜 수 있는 단단한 내성을 길러줄 것입니다. 그렇게 다져진 단단한 뿌리는 인생 전체를 지탱하는 가장 강력한 바탕이 되어, 어떤 시련 속에서도 당신을 다시 일어서게 할 것입니다.

46

역경을 기회로 바꾼
참새의 지혜

　서울대 법대 졸업, 우리은행, 신한은행, 하나은행을 거친 엘리트 금융인, 그리고 지금은 글로벌 리더 기업 한국 법인 P 전 대표의 이력서는 그야말로 탄탄대로, 실패를 모르는 삶의 궤적처럼 보였습니다. 그러나 그 화려한 경력의 행간에는 우리가 알지 못하는 깊은 골짜기와 인고의 시간이 숨어 있었습니다.

　개인 신용 리스크 관리 솔루션을 제공하는 '금융 예방 주치의'를 자처하는 기관의 수장을 맡았던 그를 만나기 위해, 저는 서울의 한 오피스 빌딩으로 향했습니다. 사무실에 들어서자 '셀프 리더십'을 강조하는 그만의 자율적인 기업 문화가 느껴졌습니다. 잠시 후 나타난 P 전 대표는 부드러운 카리스마와 학자적인 통찰력을 동시에 지닌 인물이었습니다.

　우리는 서울의 한 오피스텔에 마주 앉았고, 저는 그의 놀라운 이력에 대한 이야기부터 시작했습니다.
　"대표님의 이력을 보면 서울대 법대 출신으로 금융 IT 업계 CEO가 되신, 보기 드문 길을 걸어왔습니다. 수많은 기회와 선택의 순간이 있었을 텐데, 그중에서도 대표님의 인생을 결정적으로 바꾼 터닝 포인트는 언제였습니까?"

질문을 받은 그는 온화한 미소와 함께 뜻밖의 이야기를 꺼냈습니다.

"돌이켜보면 제 인생의 터닝 포인트는 늘 가장 어렵고, 아프고, 억울했던 순간이었습니다. 고등학교 때 건강이 나빠 6개월간 학교에 가지 못했던 적이 있습니다. 그때 혼자 힘으로 공부하는 법을 익혔고, 대학 3학년 때는 고시 공부를 하다가 또 몸이 아파 결국 사법 고시를 포기해야 했습니다. 그때마다 제 인생의 길이 바뀌었죠. 하지만 가장 중요한 터닝 포인트를 꼽으라면, 하나은행 시절의 경험을 말하고 싶습니다."

그는 한창 잘나가던 시절, 갑자기 외진 곳으로 발령받았던 때를 회상했습니다.

"전쟁으로 치면 중앙군에 있다가 갑자기 시골 유배지로 쫓겨난 것과 같았습니다. 주변에서는 모두 더 나은 곳으로 옮기라고 말했지만, 저는 가지 않았습니다. 그리고 그곳에서 10년 이상을 묵묵히 버텼습니다."

가장 낮은 곳에서 보낸 10년, 역경을 기회로 바꾸다

그는 마치 비유처럼 한 편의 이야기를 들려주었습니다.

"길을 가던 참새 한 마리가 엄동설한에 얼어 죽기 직전이었습니다. 그때 마침 지나가던 소가 참새 위에 똥을 쌌습니다. 참새는 똥이 더럽고 냄새나서 화가 났지만, 소똥의 온기 덕분에 몸이 녹기 시작했습니다. 따뜻하고 살만해지자, 참새는 기분이 좋아져 노래를 불렀습니다. 그런데 그 노랫소리를 들은 고양이가 다가와 소똥을 파헤치고 참새를 잡아먹어 버렸습니다."

이야기를 마친 그는 조용히 말을 이었습니다.

"이 이야기에는 세 가지 교훈이 있습니다. 첫째, 나에게 똥을 싸는 자가 모두 적은 아니다. 둘째, 나를 똥에서 꺼내주는 자가 모두 아군은 아니다. 셋째, 내가 똥 속에 있을 때는 조용히 입을 다물고 있어야 한다. 저는 가장 어렵고, 가장 급여가 적고, 가장 힘든 곳에서 오래 견디는 법을 그때 배웠습니다. 그렇게 10년을 버티니, 사람들이 저를 다시 보기 시작했습니다. '저 사람 정말 대단하다'라는 인정을 받게 된 것이죠. 그 인고의 시간이 결국 또 다른 기회를 가져다준, 제 인생의 가장 중요한 터닝 포인트가 되었습니다."

그의 이야기는 신선한 충격이었습니다. 우리는 보통 어려움을 피하거나, 어떻게든 빨리 벗어나려고 발버둥 칩니다. 하지만 그는 역경의 시간을 정면으로 마주하고, 그 안에서 더 깊어지고 단단해지는 길을 택했습니다.

"저는 누구에게나 말해주고 싶습니다. 어려울 때가 기회이고, 진짜 터닝 포인트라고 몸이 아파봐야, 억울해 봐야, 그 분노를 참고 인내하는 과정에서 비로소 도약할 힘이 생깁니다. 지금 청년들이 처한 현실이 어렵다는 것을 잘 압니다. 하지만 하늘은 스스로 돕는 자를 돕는다는 말을 믿었으면 합니다. 어떤 환경에 있든, 스스로 무엇을 할 것인지 선택하고, 그 선택에 책임을 지며 묵묵히 자신의 길을 가다 보면, 자유로운 환경 속에서 자신의 능력을 발휘할 좋은 기회는 반드시 찾아옵니다."

P 전 대표를 만나고 나오며, 저는 '견딘다'라는 것의 가치를 생각했습니다. 그의 삶은 우리에게 보여주고 있었습니다. 인생의 겨울이 찾아왔을 때, 섣불리 뛰쳐나가 독수리에게 잡아먹히기보다, 따뜻한 소똥 속에서 묵묵히 봄을 기다리는 참새의 지혜가 필요할 때가 있음을 말입니다. 가장 낮고 어두운 곳에서 보낸 그 인고의 시간이, 결국 가장 높고 환한 곳으로

의 도약을 준비하는 가장 위대한 과정이라는 것을 말입니다.

끈기의 열쇠

인생의 가장 어렵고 억울한 순간이, 실은 당신을 도약하게 할 가장 중요한 터닝 포인트임을 믿으십시오. 역경을 피하려 발버둥 치기보다, 묵묵히 자신의 자리에서 봄을 기다리며 인내하는 지혜를 배우십시오. 그렇게 견뎌낸 인고의 시간은 당신을 세상 그 무엇보다 단단하게 만들고, 가장 환한 곳으로 향하는 새로운 기회의 문을 열어줄 것입니다.

47

회장 하던 사람이
총무를 해야 하는 이유

    수만 명의 인맥을 자랑하는 전 총재, 전 홍보 대사, 전 회장 등 그를 수식하는 직함은 셀 수 없이 많고, 가진 명함만 10종류가 넘습니다. 어떻게 한 사람이 이 모든 일을 해낼 수 있을까? 그 비결이 궁금해 약속 장소로 향하는 내내 제 머릿속은 호기심으로 가득 찼습니다.

    약속 장소인 한 카페에 들어서자, 유쾌하고 힘찬 에너지를 뿜어내는 한 남성이 저를 향해 손을 흔들고 있었습니다. Q 전 총재였습니다. 그는 첫 만남의 어색함이 무색하게, 마치 오랜 지인을 만난 것처럼 반갑게 저를 맞아주었습니다. 그의 얼굴에는 '미인대칭비비불(미소 · 인사 · 대화 · 칭찬하기, 비난 · 비판 · 불평하지 말기)'이라는 그의 생활신조가 그대로 녹아 있는 듯했습니다.

    "총재님을 보면 '어떻게 저렇게 많은 사람과 좋은 관계를 맺을 수 있을까?'하는 궁금증이 가장 먼저 듭니다. 모두가 부러워하는 '인맥의 왕'이 되신 비결, 그 시작점이 된 인생의 터닝 포인트는 무엇이었습니까?"

    제 질문에 그는 호탕하게 웃으며 말했습니다.

"인맥의 왕인 저를 아셨으니, 이제 인맥 걱정은 안 하셔도 됩니다. 필요하면 언제든 말씀하세요. 제 인생의 터닝 포인트를 굳이 꼽자면, 27년간의 공직 생활을 마치고 사회에 나와 '봉사'와 '총무 역할'을 자처하며 살기 시작한 것입니다. 처음부터 인맥의 왕이 되겠다고 생각한 적은 없습니다. 그저 내가 좋은 사람이 되려고 노력하고, 어려운 일을 도맡아 하고, 주변 사람에게 도움을 주며 살다 보니 어느새 사람들이 저를 그렇게 불러주더 군요."

그의 이야기는 의외로 단순하고 명쾌했습니다.

"저는 모임에서 회장을 하다가도 총무 역할을 맡는 곳이 몇 군데 있습니다. 대부분 그런 걸 왜 하냐고 하지만, 저는 회장 하던 사람이 총무를 해야 더 잘할 수 있다고 생각합니다. 미국에서는 장교가 사병으로 가는 경우도 있다는데, 우리나라에서는 수치스럽게 생각하죠. 하지만 저는 그렇게 어려운 일을 도맡아 하다 보니, 오히려 더 좋은 사람들을 많이 사귀게 되고, 도와줄 일이 생기고, 좋은 기회가 찾아왔습니다. 그것이 제가 대한민국 최고의 부자, '사람 부자'가 된 비결입니다."

가장 낮은 곳에서의 헌신, '사람 부자'로 가는 유일한 길

그에게 '총무'라는 자리는 단순히 궂은일을 하는 자리가 아니었습니다. 그것은 사람을 얻고, 신뢰를 쌓고, 세상을 배우는 가장 낮은 곳의 '왕좌'였습니다. 그의 인맥 철학은 기교가 아닌, 진심 어린 배려와 헌신에 바탕을 두고 있었습니다.

이런 그가 지금의 청년들에게 전하고 싶은 메시지는 무엇일지 궁금했습니다.

"저는 27년의 공직 생활이 너무 길었다고, 가끔 후회합니다. 한 10년만

하고 나왔다면 더 많은 것을 이뤘을지도 모릅니다. 사회에 나와 보니, 할 일도 너무 많고 돈 버는 길도 보이는데, 많은 청년이 그걸 못 찾고 있어요. 저는 청년들에게 '꿈을 갖고 네가 하고 싶은 걸 하라'라고 말해주고 싶습니다. 직장 생활만 생각하지 말고, 창업을 해보세요. 지금은 국가에서 지원하는 창업 프로그램도 정말 많습니다. 실패를 두려워하지 마세요. 실패는 낙오가 아니라 경험입니다."

그는 하루 24시간이 모자란 삶을 어떻게 관리하는지도 알려주었습니다. "사람들이 저보고 그 많은 일정을 어떻게 소화하냐고 묻습니다. 저는 남들보다 하루 네 시간을 더 활용한다고 생각합니다. 비결은 아침저녁 20분의 투자입니다. 아침에 20분간 명상하며 오늘 할 일을 시간대별로 계획하고, 저녁에 20분간 오늘 하루를 반성하며 60여 가지 항목을 표시합니다. 이렇게 미리 준비하고 반성하면, 시간을 허비하지 않고 하루 28시간을 사는 효과를 볼 수 있습니다."

Q 전 총재와의 대화는 유쾌함 속에 깊은 지혜가 담긴 시간이었습니다. 그는 우리에게 보여주고 있었습니다. 가장 높은 곳에 오르는 길은, 역설적으로 가장 낮은 곳에서 남을 섬기는 데서 시작된다는 것을 알려주고 있었습니다. 사람의 마음을 얻는 가장 확실한 방법은, 내가 먼저 마음을 열고, 지갑을 열고, 시간을 내어주는 것이라는 평범하지만 위대한 진리를 말입니다.

봉사의 열쇠

가장 높은 곳에 오르기 위해, 역설적이게도 가장 낮은 곳에서 남을 섬기는 길을 택하십시오. 모두가 기피하는 총무 역할을 자처하고 받기보다 먼저 베풀 때, 비로소 사람의 마음을 얻는 '사람 부자'가 될 수 있습니다. 그 진심 어린 헌신은 세상 모든 사람을 당신의 편으로 만들고, 상상하지 못했던 새로운 기회를 가져다줄 것입니다.

48

계란 프라이가 될 것인가, 병아리가 될 것인가

어떤 만남은 그 자체로 한 권의 책처럼 깊은 울림을 줍니다. 기관의 수장이 아닌, 인생의 묵직한 서사를 통과해 온 한 선배로서 그가 건네는 이야기는, 잘 숙성된 막걸리 한 사발처럼 구수하면서도 묵직한 취기를 전해왔습니다. 도심 한복판에 자리한 그의 오피스텔에서 만난 R 전 원장은 연구자의 예리함과 행정가의 온화함을 동시에 지닌, 깊이를 가늠하기 어려운 연륜의 소유자였습니다.

그의 집무실에서 가장 먼저 눈에 띈 것은 권위적인 가구가 아니라, 언제든 누구나 찾아와 마음을 터놓고 이야기를 나눌 수 있을 법한 편안한 소파였습니다.

'소통'과 '화합'을 강조하는 그의 철학이 군림하는 언어가 아닌, 공간의 온기로 먼저 말을 걸어오는 듯했습니다.

저는 그의 인생에서 가장 격렬했던 파도의 순간, 삶의 항로를 완전히 바꾸어 놓은 결정적인 계기에 대해 물었습니다. 그는 잠시 창밖으로 시선을 던지며 아득한 회상에 잠기는 듯하더니, 이내 담담하지만, 힘 있는 목소리로 30여 년 전 청춘의 한복판, 그 뜨거웠던 시절을 소환했습니다.

"돌이켜보면 제 인생의 가장 큰 터닝 포인트는 대기업에서 근무하던 시절, 모든 것을 걸었던 거대한 프로젝트가 한순간에 중단되었던 바로 그 순간이었습니다. 당시 저는 모두가 선망하던 '티카(T-car) 프로젝트'의 핵심 멤버로 발탁되어, 자동차 개발의 심장부에서 밤낮없이 뛰고 있었습니다. 그 차가 나중에 '르망'이라는 이름으로 세상에 나왔죠. 연간 25만 대를 생산하는 어마어마한 프로젝트의 일원이라는 자부심, 독일 연수까지 마치며 제 미래는 탄탄대로일 것이라 믿어 의심치 않았습니다. 하지만 제2차 오일 쇼크라는 거대한 시대의 파도가, 한 개인의 꿈과 열정 따위는 아무것도 아니라는 듯이 모든 것을 덮쳐버렸습니다."

한순간에 모든 것이 멈춰버린 황량한 현장에서, 그는 설명할 수 없는 거대한 무력감과 함께 자신의 존재에 대한 깊은 성찰에 빠져들었다고 했습니다. 회사의 명함과 프로젝트의 이름이 사라지자, 비로소 '나'라는 존재의 앙상한 민낯과 정면으로 마주하게 된 것입니다.

"뜨거운 현장에서 직접 기획하고 부딪혀보니, 제가 교실에서 배운 지식이 얼마나 얕고 공허한 것이었는지 뼈저리게 통감하게 되었습니다. 대한민국 최고 학부를 나왔다는 자만심은, 현장에서 마주하는 실질적인 문제들 앞에서 산산조각이 났습니다. 저는 한없이 작은 존재였어요. '이 정도 실력으로는 안 되겠다. 누군가가 만들어준 판이 아니라, 내 힘으로 떳떳하게 서기 위해서는 무엇이든 더 채우고 배워야만 한다.' 그런 절박함이 파도처럼 밀려왔습니다. 아이러니하게도 프로젝트의 중단이라는 가장 큰 좌절이, 제게는 유학이라는 새로운 문을 열어준 절실한 기회가 된 셈입니다."

가장 큰 좌절의 순간, 새로운 배움의 문을 열다

그의 이야기는 인생의 위기가 어떻게 기회로 탈바꿈할 수 있는지를 보여주는 생생한 증거였습니다. 모두가 부러워하는 대기업 동기들이 강남에 아파트를 장만하며 안정된 삶의 트랙에 안착할 때, 그는 모든 기득권을 내려놓고 고독한 유학길에 올라야 했습니다. 안산의 작은 전셋집에서 모든 것을 다시 시작해야 하는 막막한 길이었습니다. 하지만 수십 년의 세월이 흐른 지금, 동기들은 대부분 현역에서 은퇴했지만, 그는 여전히 현장을 지키며 자신의 지식과 경험으로 사회에 빛을 더하고 있습니다. 그는 "인생은 그래서 결국 공평한 것 아닌가?"라며 소탈하게 웃어 보였습니다. 이제는 친구들이 오히려 그를 부러워한다는 말을 덧붙이면서 말입니다.

저는 이 시대의 청년들에게 해주고 싶은 말이 있는지 물었습니다.

그는 잠시 생각에 잠기더니, 헤르만 헤세의 소설 『데미안』의 한 구절을 인용하며, 그의 교육 철학이자 인생 철학이 담긴 묵직한 메시지를 전했습니다.

"달걀이 스스로 알을 깨고 나오면 생명력 있는 병아리가 되지만, 남이 깨주면 결국 계란 프라이가 될 뿐입니다. 저는 우리 젊은이들이 너무 쉽게 프라이가 되려고만 하는 것 같아 안타까울 때가 많습니다. 실패가 두려워, 세상이 만들어 놓은 안전한 껍질 안에서 누군가 나를 '요리'해주기만을 바라는 것은 아닌지 되돌아봐야 합니다. 스스로 미래의 설계자가 되겠다는 단단한 마음으로, 눈앞의 나무가 아닌 저 너머의 숲을 보는 마음의 눈을 가졌으면 합니다."

그의 말에는 실패를 두려워하지 말고, 일단 부딪혀보라는 단순한 격려 이상의 무게가 실려 있었습니다. 그 과정 속에서 스스로 단단한 껍질을 깨는 고통을 이겨내야만, 누구도 빼앗을 수 없는 진정한 생명력을 얻게 된다는 것을 그는 자신의 삶으로 증명해 보이고 있었습니다. 4년간의 치열했던 현장 경험, 그리고 모든 것을 버리고 다시 책을 잡았던 낯선 땅에서의 외로운 시간들, 그 모든 땀과 눈물이 그의 목소리에 고스란히 녹아 있었습니다.

R 전 원장과의 대화를 마치고 나오는 길, 저는 '스스로 깨고 나온 병아리'의 모습을 떠올렸습니다. 안정된 둥지를 떠나 미지의 세상으로 첫발을 내딛는 것은 분명 두렵고 고통스러운 일입니다. 하지만 그 고통스러운 날갯짓 없이는 드넓은 창공을 나는 자유를 결코 얻을 수 없습니다. 외부의 충격으로 맞이한 인생의 위기는, 실은 내면의 껍질을 깨고 더 큰 세상으로 나아가라는 간절한 신호일지 모릅니다. 그의 삶이 나에게, 그리고 우리에게 그렇게 말하고 있었습니다.

배움의 열쇠

안정된 세상이라는 알을 스스로 깨고 나와, 더 넓은 배움의 세상과 마주하십시오. 남이 깨주면 계란 프라이가 될 뿐이지만, 스스로 알을 깨고 나온다면 병아리가 되어 진정한 생명력을 얻게 됩니다. 가장 큰 좌절의 순간이야말로 낡은 세계를 부수고 새로운 배움의 문을 여는 가장 절실한 기회입니다.

{ 6부 }

최고들은 어떻게 위기를 돌파하는가

THE
SECRET TO
CREATING YOUR
OWN LUCK

인생의 항로를 바꾸는 결정적인 터닝 포인트는 예고 없이 찾아옵니다. 그것은 때로 모든 것을 앗아가는 위기의 모습으로, 때로는 안락함에 안주하고 싶은 유혹의 모습으로, 혹은 우연히 스쳐 지나가는 기회의 모습으로 나타납니다. 중요한 것은 어떤 파도를 만나느냐가 아니라, 그 파도를 어떻게 탈 것인가에 대한 우리의 선택입니다. 절망의 순간에 새로운 항로를 개척할 용기, 현재의 안락함을 박차고 나올 결단, 그리고 어떤 고난 속에서도 자신의 길을 묵묵히 걸어 나가는 꾸준함이 결국 당신을 새로운 시대의 주역으로 만들 것입니다.

49

위기의 파도를
기회로 타다

성공한 기업인의 얼굴에는 어떤 특별한 관상이라도 있는 것일까? 약속 장소인 V 대표의 사무실로 향하며 저는 그런 상상을 했습니다. 아마도 빈틈없는 카리스마와 범접하기 어려운 아우라, 상대를 압도하는 강렬한 눈빛을 가지고 있지 않을까? 하지만 대표실 문을 열고 들어선 순간, 온화한 미소와 함께 정중히 고개를 숙이는 S 대표의 모습은 저의 얄팍한 예상을 완전히 빗나가게 했습니다. 그의 서글서글한 눈매와 차분한 말투에서는 강함보다는 부드러움이, 권위보다는 겸손함이 먼저 묻어났습니다. 그러나 대화를 나누는 동안 자세히 들여다본 그의 희끗희끗한 머리카락과 깊게 팬 눈가의 주름은, 그가 지나온 시간의 무게와 인고의 세월을 말없이 증명하는 듯했습니다. 그는 32세라는 비교적 젊은 나이에 창업 전선에 뛰어들어, 17년이 넘는 세월 동안 맨몸으로 수많은 풍파를 헤쳐온 베테랑 경영인이었습니다.

저는 그에게 인생의 항로를 통째로 바꾸어 놓은 가장 거대했던 파도가 언제였는지 물었습니다. 그는 잠시 말을 고르는 듯하더니, 당시의 아찔했던 순간을 회상하며 입을 열었습니다.

"제 인생의 가장 결정적인 터닝 포인트를 꼽으라면, 단연 2011년의 동일본 대지진입니다. 사업을 하면서 크고 작은 고비야 늘 있었지만, 그때는 정말 인간의 힘으로는 어찌할 수 없는 거대한 재앙과도 같았습니다. 모든 일본 거래처의 주문이 한순간에 취소되었고, 이후 6개월간 단 한 건의 신규 주문도 없는 암흑 같은 상황이 지속되었습니다. 회사의 존립 자체가 뿌리째 흔들리는 절체절명의 위기였죠."

그는 당시의 막막함을 떠올리며 잠시 말을 멈췄습니다. 모든 것이 멈춰버린 절망의 한복판에서, 그는 좌절하고 주저앉는 대신, 새로운 항로를 모색하기 시작했습니다. 생존해야 한다는 절박함은 그에게 다른 전략을 짜야 한다는 강력한 동기를 부여했고, 바로 그 절박함이 새로운 기회의 문을 열었습니다.

"바로 그 위기 덕분에, 이전까지는 머릿속으로 생각만 하고 리스크가 두려워 실행하지 못했던 국내 내수 시장 진출과 수출 판로 개척에 대한 본격적인 검토를 시작하게 되었습니다. 기존의 방식만 고수했다면 결코 눈을 돌리지 않았을 새로운 시장이었죠. 결과적으로 그때의 과감한 결정이 지금의 회사를 있게 한 가장 중요한 원동력이 되었습니다. 현재 내수에서 발생하는 안정적인 이익이 회사의 든든한 버팀목이 되어주고 있고, 그때의 경험을 발판 삼아 수출 전문 브랜드를 성공적으로 출범시키는 계기가 되었으니까요."

평온한 바다는 유능한 뱃사람을 만들지 못한다

그의 이야기는 '위기는 곧 기회'라는 진부하게 들릴 수 있는 격언이, 어떻게 한 사람의 인생에서 현실이 되는지를 여실히 보여주었지만, 문득 궁금해졌습니다. 그 절체절명의 위기를 기회로 만들 수 있었던 내면의 힘은 과연 어디에서 나왔을까? 그가 들려준 창업 초기의 고군분투기 속에 그 답의 실마리가 숨어 있었습니다.

"고등학교 시절부터 막연히 무역인이 되는 것이 꿈이었습니다. 그래서 첫 직장 생활도 언젠가 내 사업을 하기 위한 준비 단계라고 생각했죠. 일본계 회사에서 6년간 실무를 혹독하게 익혔고, 서른두 살에 드디어 제 회사를 차렸습니다. 처음에는 뭐든지 쉽게 풀릴 것 같았는데, 현실은 상상과 전혀 달랐습니다."

가장 먼저 그를 가로막은 것은 '32세 사장'이라는 어린 나이에 대한 뿌리 깊은 편견이었습니다. 일본 전시회에서 명함을 돌리면 다들 미심쩍은 표정으로 그를 쳐다봤고, 아예 상대조차 해주지 않는 경우가 부지기수였습니다. 더 큰 장벽은 철옹성처럼 견고한 업계의 기득권이었습니다. 그가 뚫으려 했던 업계는 특정 회사 출신들이 완전히 장악하고 있었고, 그는 이방인 취급을 받으며 수많은 설움을 겪어야만 했습니다. 극심한 스트레스로 머리가 하얗게 세기 시작했고, 아이들을 위해 부어두었던 보험을 해지하고 아내의 퇴직금까지 사업 자금으로 써가며 하루하루를 버텨야 하는 절박한 시간을 보냈습니다.

"그런데 그렇게 10년을 꿋꿋하게, 흔들림 없이 저희만의 일관성 있는 비즈니스로 버텨냈습니다. 요행을 바라지 않고, 정직하게 신뢰를 쌓아갔습니다. 그러자 저를 의심의 눈초리로 보던 사람들이 하나둘 마음을 열기 시작했습니다. '내가 오해했다', '이제 S 대표가 하는 말은 전부 믿을 수 있다'라는 말을 듣기까지, 꼬박 10년이라는 세월이 걸린 셈입니다."

결국 2011년의 대지진이라는 거대한 쓰나미를 그가 버텨낼 수 있었던 힘은, 창업 초기 10년간의 쓰디쓴 고난을 거치며 온몸으로 체득한 단단한

'맷집'과 돈으로 살 수 없는 '신뢰'라는 자산이었던 셈입니다. 맨몸으로 부딪치고 깨지며 얻은 산전수전의 경험이 그를 더 단단한 사람으로 만들었고, 어떤 위기에도 흔들리지 않는 깊은 뿌리가 되어주었습니다.

  S 대표와의 만남은 제게 '준비된 자에게 위기는 기회가 된다'라는 사실을 깊이 각인시켜 주었습니다. 그가 겪은 10년의 고난은 단순히 버티는 시간이 아니라, 더 큰 파도를 넘기 위해 배를 수리하고 돛을 단단히 만들며 자신만의 항해술을 처절하게 연마하는 시간이었습니다. 그렇기에 예기치 못한 거대한 파도가 닥쳤을 때, 그는 침몰하는 대신 오히려 그 파도를 타고 더 넓고 깊은 바다로 나아갈 수 있었던 것입니다. 그의 이야기를 들으며 저는 스스로에게 묻지 않을 수 없었습니다. 당신의 배는 지금, 어떤 파도를 맞이할 준비를 하고 있습니까?

기회의 열쇠

모두가 어렵다고 말하는 위기의 파도 속에서 좌절하지 마십시오. 오랜 시간 묵묵히 쌓아 올린 당신만의 실력과 신뢰가 가장 튼튼한 돛이 되어줄 것입니다. 준비된 자에게 위기는 기회가 되니, 그 파도를 넘어 새로운 신대륙을 발견하십시오.

50

가장 안정적인 순간,
가장 과감한 항해를 시작하다

 의사라는 직업은 우리 사회에서 안정과 성공의 상징처럼 여겨지곤 합니다. 남들보다 몇 배는 치열한 노력 끝에 의사가 된 후, 자신의 병원을 개원하고 나면 대부분은 그 견고하고 안락한 울타리 안에서 평온한 삶을 이어갈 것으로 생각합니다. 하지만 T 병원장은 그 일반적인 통념을 보기 좋게 깨뜨리는, 비범한 탐험가의 기질을 가진 인물이었습니다. 환자를 대하는 그의 모습에서는 오랜 경륜에서 묻어나는 깊은 신뢰감이, 나와 대화를 나누는 그의 눈빛에서는 현실에 결코 안주하지 않는 지적인 탐구심과 뜨거운 열정이 함께 느껴졌습니다. 안정된 현재에 만족하는 자의 평온함이 아니라, 더 넓은 미지의 세계를 동경하는 자의 설렘이 그의 안에 공존하고 있었습니다.

 저는 그에게 물었습니다. 무엇이 그를 이미 완성된 것처럼 보이는 안정된 삶에 만족하지 않고, 끊임없이 새로운 도전을 향해 나아가게 만들었는지에 대해서요.
 그의 대답은 전혀 예상치 못한 곳에서 나왔습니다. 그것은 바로 '40대

초반에 훌쩍 떠났던 '미국 유학'이었습니다.

"제 인생에서 가장 결정적인 순간을 단 하나만 꼽으라면, 주저 없이 40대 초반에 모든 것을 내려놓고 미국으로 떠났던 때를 말할 것입니다. 당시 저는 제 분야에서 나름 자리를 잡았고, 병원 운영도 안정적이었습니다. 남들이 보기에는 부족할 것 없는 삶이었죠. 하지만 제 마음속에서는 '아, 내가 이 우물 안에서 이렇게 안주해서는 안 되겠다'라는 내면의 목소리가 점점 더 크게 들려왔습니다. 더 넓은 세상을 직접 보고 배우고 싶다는 강렬한 갈증, 이대로 멈춰버리면 도태될지 모른다는 위기감이었죠. 그 목소리를 더 이상 외면할 수 없어, 모든 것을 잠시 내려놓고 미국행 비행기에 몸을 실었습니다."

이미 의사로서 안정적인 기반을 모두 다진 40대 가장의 유학길, 그것은 결코 낭만적이기만 한 선택이 아니었을 것입니다. 수입의 단절, 가족과의 이별, 익숙한 모든 것과의 결별을 감수해야 하는 무모한 도전이었지만, 그는 눈앞의 안락함 대신, 내면의 변화에 대한 갈망을 따라 미국 애틀랜타의 에모리대학교에서 2년간의 고독한 수학을 시작했습니다. 그리고 그곳에서의 시간은, 그의 인생을 송두리째 바꾸어 놓는 위대한 전환점이 되었습니다.

"그곳에서 미국의 선진 의료 시스템이 어떻게 유기적으로 돌아가는지를 직접 눈으로 보고 온몸으로 경험했습니다. 세계적인 석학들과 토론하고, 최고의 의료진들이 연구하고, 수술하고, 외래 환자를 보는 모든 과정에 직접 참여하면서 제 실력이 한 단계 업그레이드되는 희열을 느꼈습니다. 하지만 기술적인 성장보다 더 중요했던 것은, 세상을 보는 저의 시야가 완전히 달라졌다는 점입니다. 제가 있던 작은 연못이 세상의 전부인

줄 알았는데, 더 넓은 바다에 나와 보니 제가 얼마나 좁은 시야와 편견에 갇혀 있었는지를 처절하게 깨닫게 된 것이죠."

마흔의 유학길, 우물 안을 벗어나 더 큰 바다를 만나다

그는 2년의 세월을 통해 단순히 한 단계 발전된 의료 기술만을 배운 것이 아니었습니다. 그는 세상을 더 넓고, 깊고, 유연하게 이해하는 방법을 배웠습니다. 그리고 그 새로운 관점과 깊어진 실력은, 그의 인생에 아무도 예상치 못했던 두 번째 터닝 포인트를 가져다주었습니다.

"미국에서의 값진 경험을 제 것으로 완전히 체화한 뒤 한국으로 돌아왔습니다. 그런데 얼마 지나지 않아 서울의 한 대형 병원에서 스카우트 제의가 들어왔습니다. 만약 제가 40대라는 나이에, 현실이라는 벽에 타협하고 새로운 도전을 포기했다면 결코 찾아오지 않았을 기회였습니다. 더 큰 무대인 서울로 올라오게 된 것이, 제 인생의 두 번째 큰 전환점이 되었습니다."

그의 이야기는 '배움에는 때가 없다'라는 오랜 격언이 얼마나 깊은 진실을 담고 있는지를 보여주었습니다. 마흔이라는 나이는, 무언가를 새로 시작하기에 너무 늦었다고 스스로 한계를 긋기 쉬운 나이입니다. 하지만 그는 오히려 그 시기를 새로운 성장을 위한 절호의 발판으로 삼았고, 그 용기 있는 선택이 그의 인생을 완전히 다른 차원으로 이끌었던 것입니다.

T 병원장과의 대화는 제게 깊은 성찰의 시간을 선물했습니다. 우리는 종종 나이라는 숫자에, 혹은 현재의 안정이라는 울타리에 자신을 가두고 새로운 도전을 망설이곤 합니다. 하지만 그는 자신의 삶을 통해 분명하게 증명해 보였습니다. 진정한 배움과 성장은 나이와 환경에 상관없이, 바로

지금 안락함을 박차고 나올 용기에서 시작된다는 것을 말입니다. 그가 40대에 용기 내어 열었던 새로운 세상의 문은, 어쩌면 우리 모두의 마음속에 잠들어 있는 미지의 문일지도 모릅니다. 중요한 것은, 그 문을 열고 미지의 세상으로 나아갈 준비가 되어 있느냐는 것입니다.

배움의 열쇠

현재의 안락함에 안주하는 것은 가장 달콤하지만 가장 위험한 유혹입니다. 나이라는 한계에 스스로를 가두지 말고, 더 넓은 세상을 향한 배움의 문을 끊임없이 두드리십시오. 바로 그 용기 있는 배움이 당신의 인생을 상상하지 못했던 새로운 차원으로 이끌 것입니다.

51

우연이 속삭일 때,
용기로 운명을 만들다

어떤 이의 삶은 한 편의 잘 짜인 각본처럼 정해진 궤도를 따라 예측할 수 있게 흘러가지만, 또 어떤 이의 삶은 어디로 튈지 모르는 생생한 즉흥극처럼 매 순간 새롭게 펼쳐집니다. 브랜드 컨설팅 회사를 이끄는 U 대표는 의심할 여지 없이 후자에 속하는 인물이었습니다. 서울의 심장부, 창의적인 에너지가 살아 숨 쉬는 듯한 그의 사무실에서 만난 그는, 자유로운 예술가의 영혼과 시장을 꿰뚫어 보는 냉철한 사업가의 두뇌를 함께 가진 듯한 독특하고 강렬한 매력을 풍기고 있었습니다.

그의 이야기에는 유독 '우연'이라는 단어가 자주 등장했습니다. 하지만 그가 말하는 우연은, 가만히 앉아 기다리는 수동적인 행운이 아니었습니다. 그것은 예기치 않게 찾아온 기회의 속삭임을 운명으로 만들어내는, 뜨거운 '실행의 용기'에 대한 다른 이름이었습니다. 그의 인생을 송두리째 바꾸어 놓은 가장 결정적인 터닝 포인트 역시, 그렇게 스치듯 찾아온 하나의 '우연'에서 시작되었습니다.

"되돌아보면 제 인생에는 몇 번의 중요한 터닝 포인트가 있었는데, 대부분은 제가 치밀하게 의도하고 계획했던 것이 아니라, 우연히 찾아온 기회를 놓치지 않고 붙잡은 결과였습니다. 저는 우연의 가치가 결코 하찮지 않다고 믿는 사람입니다. 그중에서도 제 인생에 가장 강렬하고 짜릿했던 경험을 꼽으라면, 단연코 졸업을 앞두고 무작정 떠났던 스페인 여행입니다."

당시 그는 IMF 학번으로 고단한 학창 시절을 보내며, 남들 다 가는 유럽 여행 한 번 못 해 본 평범하고 내성적인 디자인과 학생이었습니다. 그러던 중, 정말 우연한 기회에 스페인 여행을 보내주는 공모전에 덜컥 당선되었고, 그렇게 생애 처음으로 유럽 땅을 밟게 되었습니다.

"솔직히 마드리드에서는 큰 감흥이 없었습니다. 그런데 바르셀로나에 도착한 순간, 말 그대로 제 인생을 뒤흔드는 엄청난 충격에 휩싸였습니다. 도시 전체가 하나의 거대하고 살아 숨 쉬는 예술 작품 같았어요. 특히 천재 건축가 가우디가 남긴 기이하고 아름다운 건축물들을 보면서, '어떻게 한 개인의 상상력이 도시 전체에 이렇게 과감하고 자유롭게 실현될 수 있었을까?' 하는 경이로움에 말문이 막힐 지경이었습니다. 저는 그 도시와 운명처럼 사랑에 빠져버린 거죠. 고작 일주일간 머물렀을 뿐인데, 제 마음속에서는 '이유는 모르겠지만, 무조건 다시 이곳에 와서 살아야겠다'라는 거부할 수 없는 강렬한 확신이 생겨났습니다."

심장이 터질 듯한 순간에 모든 것을 걸어라

아마 대부분의 사람이라면 '정말 좋은 경험이었어'라고 추억의 한 페이지를 장식하며, 익숙한 일상으로 무사히 돌아왔을 것이지만 그는 달랐습니다. 그는 그 우연한 여행이 자신의 영혼에 안겨준 강렬한 영감을, 단순한 추억이 아닌 자신의 삶 자체로 끌어들이기로 결심했습니다. 한국에 돌아오자마자, 그는 오래 사귄 여자 친구에게 엉뚱하지만, 진심 어린 프러

포즈를 했습니다.

"나와 결혼해서, 바르셀로나로 가서 살자."

그리고 놀랍게도 모든 것을 일사천리로 진행해, 불과 3개월 만에 정말로 바르셀로나로 삶의 터전을 옮겼습니다.

"지금 생각하면 참 무모하고 대책 없는 결정이었죠. 하지만 제 경험상, 그때처럼 순간적으로 심장이 터질 듯이 하고 싶은 일에 모든 것을 걸고 몰아칠 때, 상상도 못 했던 아이디어와 에너지가 폭발하는 것 같습니다. 바르셀로나에서 보낸 3년의 세월은 제 안에 잠자고 있던 많은 것을 바꾸어 놓았습니다. 자유로운 상상이 그저 아이디어에 머무는 것이 아니라, 용기 있는 실행으로 옮겨질 때의 감동과 희열을 온몸으로 체험한 시간이었습니다. 상업적인 가치를 넘어, 도시 전체에 공공적인 가치를 불어넣는 브랜딩의 진정한 힘을 깨닫게 된 것도 바로 그때였습니다."

그의 이야기는 단순한 여행기가 아니었습니다. 그것은 스쳐 지나가는 우연한 만남을, 절대 변치 않을 필연적인 운명으로 바꾸어낸 한 남자의 뜨거운 실행력에 관한 생생한 기록이었습니다. 그는 거창한 계획을 세우며 미래를 저울질하기보다, 예기치 않게 찾아온 기회의 문을 활짝 열어젖히고 그 안으로 용감하게 온몸을 던졌습니다. 바르셀로나에서 우연한 일주일이 그의 인생 전체의 방향을 바꾼 것처럼, 우리 인생에도 그런 결정적인 순간은 예고 없이 찾아올지 모릅니다.

U 대표의 삶은 우리에게 묻고 있습니다. 당신은 그 우연한 기회가 문을 두드렸을 때, 모든 것을 걸고 '액션'을 취할 용기가 있느냐고. 그 문을 열고 들어갔을 때 눈앞에 펼쳐질 새로운 세상은, 오직 용기 있는 자만이 누릴 수 있는 인생의 가장 값진 선물일 것입니다.

용기의 열쇠

인생을 바꾸는 거대한 기회는 예고 없이, 아주 사소한 우연의 모습으로 찾아옵니다. 당신의 심장이 터질 듯이 반응하는 그 순간을 놓치지 말고, 모든 것을 걸고 실행에 옮기십시오. 주저 없는 실행의 용기만이 스쳐 지나가는 우연을 필연적인 운명으로 만들 수 있습니다.

52

시간의 무게로
신뢰를 쌓다

'청담동'이라는 이름이 주는 화려함과 숨 가쁜 트렌드의 한복판에서, 23년이라는 긴 시간 동안 묵묵히 자신의 자리를 지켜온 사람이 있습니다. V 대표는 빠르게 변하고 소멸하는 유행의 거친 파도 속에서, '신뢰'와 '실력'이라는 가장 본질적이고 견고한 가치를 무기 삼아 자신만의 성을 쌓아 올린, 고집스러운 장인과도 같은 인물입니다. 그녀가 운영하는 미용실은 단순히 머리를 매만지는 공간이 아니라, 고객과 디자이너 사이에 보이지 않는 오랜 믿음이 켜켜이 쌓여 깃든, 특별한 시간의 공간처럼 느껴졌습니다. 그곳의 공기는 유행보다 사람을 먼저 생각하는 듯한, 따뜻하고 단단한 밀도를 가지고 있었습니다.

저는 그녀에게 물었습니다. 20년이 넘는 긴 세월 동안 단 한길을 걸으며, 수많은 위기와 변화 속에서도 결코 흔들리지 않을 수 있었던 그 굳건한 원동력은 과연 무엇이었는지? 그녀는 자신의 인생에서 가장 중요한 터닝 포인트로, 모든 것이 서툴고 두려웠던 '15년 전의 영국 유학'을 주저 없이 꼽았습니다.

"열아홉 살 때 멋모르고 미용업계에 처음 발을 들여, 청담동에서 6년간 정말 혹독하게 일을 배우고 나니 어느 순간 제 안에서 배움에 대한 갈증이 활화산처럼 폭발했습니다. 이 작은 세상이 전부가 아닐 거라는 확신, 더 넓은 세상을 보고, 제 실력을 더 날카롭게 갈고닦고 싶다는 열망 하나만 가지고 무작정 영국으로 떠났습니다. 영어요? 제대로 배워본 적도 없는 상태였죠. 지금 생각하면 어떻게 그런 용기가 났는지 모르겠어요. 정말 뜨거운 열정 하나만 믿고 맨몸으로 부딪혔습니다."

그녀의 무모해 보이기까지 한 도전은, 그녀의 인생을 뿌리부터 단단하게 바꾸어 놓았습니다. 낯선 땅에서 보낸 외롭고 치열했던 시간은, 단순히 새로운 미용 기술을 배우는 것을 넘어, 세상을 바라보는 그녀의 시야와 삶을 대하는 마음가짐을 완전히 바꾸는 결정적인 계기가 되었습니다.

"영국에서 저는 제가 그동안 얼마나 옹졸하고 편협한 세상에 갇혀 살았는지를 뼈저리게 깨달았습니다. 다양한 인종과 문화를 가진 사람들과 부대끼며 세상을 폭넓게 보는 법을 배웠죠. 한국에 돌아왔을 때, 저는 기술적으로도 분명 성장했지만, 무엇보다 제 마음가짐이 완전히 달라져 있었습니다. 예전에는 제때 밥도 못 챙겨 먹고, 온갖 감정 노동에 시달려야 하는 이 일이 고되고 힘들기만 했는데, 유학을 다녀온 후로는 이 일이 저의 '천직'이라는 확신이 들기 시작했습니다."

뜨거운 열정 하나로 떠난 유학, '천직'을 발견하게 하다

사람을 만나고, 끊임없이 무언가를 배우고, 세상에 없던 새로운 스타일을 창조하는 일이 그녀에게는 더 이상 고통이 아닌 즐거움과 자부심이 되었습니다. 그녀는 "다시 태어나도 저는 미용을 하고 싶어요"라고 말하며 아이처럼 환하게 웃었습니다. 그 해맑은 웃음 속에는 자신의 일에 대한 깊은 애정과 누구도 흉내 낼 수 없는 자부심이 담겨 있었습니다. 그리고 그 자부심의 근원은 바로 '실력'과 '신뢰'에 대한 그녀의 확고한 철학이었습니다.

"저는 그때그때 돈이 되는 것을 좇기보다는, 시간이 걸리더라도 오랫동안 롱런할 수 있는 저만의 길을 택하는 편입니다. 저희 숍에 10년, 20년 된 단골 고객이 많은 이유는, 화려한 마케팅이나 인테리어가 아니라 결국 변치 않는 기술력에 대한 깊은 신뢰 때문이라고 생각합니다. 그리고 그 신뢰라는 것은, 결코 돈으로 사거나 하루아침에 쌓을 수 없는, 시간의 무게가 만들어내는 가장 값진 자산입니다."

그녀는 함께 일하는 직원들에게도 항상 이 시간의 무게를 강조한다고 말했습니다.

"이 직업은 특성상 몸도 마음도 고되기 때문에 쉽게 포기하는 경우가 정말 많습니다. 하지만 저는 최소 3년은 어떤 일이 있어도 버텨보라고 말합니다. 3년을 버티면 비로소 고객과의 신뢰가 쌓이기 시작하고, 그다음 6년, 10년을 버티면 미용사로서의 자부심과 실력, 그리고 삶의 깊이는 완전히 다른 차원이 됩니다. 잠깐 해보고 '나는 재능이 없나 봐'라고 스스로를 한계 속에 단정 짓는 것이 가장 안타깝습니다."

V 대표와의 대화를 통해, 저는 진정한 프로페셔널의 길이 결코 화려한 스포트라이트 속에만 있지 않다는 것을 깨달았습니다. 그것은 오히려 남들이 보지 않는 곳에서 묵묵히 가위를 갈고, 고객 한 사람 한 사람과의 약속을 지키며 신뢰를 쌓아가는, 지루하고도 성실한 시간의 축적 속에 존재했습니다. 그녀가 15년 전 머나먼 영국에서 발견한 것은 새로운 기술이 아니라, 어떤 시련과 유행에도 흔들리지 않고 자신의 길을 뚜벅뚜벅 걸어

갈 수 있게 해주는 단단한 내면의 힘이었을 것입니다. 그리고 그 힘은, 오직 인내의 시간을 통과한 자만이 가질 수 있는 가장 값지고 아름다운 훈장일 것입니다.

신뢰의 열쇠

눈앞의 이익이나 화려한 유행을 좇지 마십시오. 진정한 실력과 신뢰는 결코 단번에 얻어지지 않는, 묵묵히 쌓아 올린 시간의 무게가 주는 가장 값진 자산입니다. 스스로를 한계 속에 규정하지 말고 꾸준한 인내로 당신의 가치를 증명해 보이십시오.

53

보장된 미래를 찢고, 절망의 밤을 홀로 견딘 개척자

2000년, 새로운 천 년에 대한 희망이 세상을 뒤덮던 그때, 모두가 안정과 기대를 노래할 때 그는 홀로 절벽 끝에 서는 길을 택했습니다. 그는 대한민국 IT 산업의 심장부라 할 수 있는 대기업의 유능한 인재였습니다. 누구라도 부러워할 탄탄대로가 보장된 삶을 뒤로하고 'F'라는 이름의 작은 배를 띄워 망망대해로 나아간 W 대표를 만나러 가는 길, 저는 '최초'라는 단어가 한 인간에게 지우는 고독과 사명의 무게를 가늠해 보았습니다.

사무실에서 만난 그는 수많은 밤을 새웠을 개척자의 피곤함 대신, 모든 풍파를 겪어낸 노련한 항해사의 평온함을 지니고 있었습니다. 그의 눈빛은 미래를 꿰뚫어 보는 듯 깊고 차분했으며, 그가 내뱉는 모든 문장에는 스스로 증명해 온 삶의 무게가 묵직하게 실려 있었습니다.

"대표님의 인생에서 가장 결정적인 순간은 역시 창업을 결심했을 때일 것입니다. 모든 것을 버리고 새로운 길을 떠날 수 있었던 용기의 근원은 무엇이었습니까? 그 어둡고 막막했던 터널을 어떻게 통과하셨는지 듣고 싶습니다."

제 질문에 그는 희미한 미소를 지으며, 마치 어제 일처럼 생생하게 그 시절을 회상했습니다.

"용기라기보다는 무모함에 가까웠죠. 다만 '이 길이 맞다'라는 확신 하나만 있었습니다. 하지만 그 확신이 저를 구원해 주지는 못했습니다. 창업 후 3년, 제 인생에서 그보다 더한 암흑기는 없었습니다. 말 그대로 하루에 2~3시간밖에 잠을 이루지 못했습니다. 눈을 감으면 '망하면 어떡하지?', '나만 믿고 있는 이 식구들은 어떡하지?'라는 공포가 파도처럼 밀려와 숨을 쉴 수가 없었거든요. 매일 밤 천장을 바라보며, 이것이 과연 옳은 선택이었는지 수천 번을 되물었습니다. 아무도 가지 않은 길이었기에 물어볼 사람도, 기댈 곳도 없었습니다. 오직 저 혼자 감당해야 할 몫이었죠."

스스로 한계 짓지 마라, 당신의 가능성은 훨씬 더 높다

그의 담담한 고백 속에서 저는 한 인간이 홀로 감당해야 했던 심리적 압박의 깊이를 느낄 수 있었습니다. 모두가 잠든 시간, 꺼지지 않는 모니터 불빛 아래에서 홀로 깨어 새벽을 기다리며 그는 무슨 생각을 했을까요. 그가 개발한 인터넷 기반 포스 시스템은 시대를 너무 앞서간 탓에 시장의 외면을 받았습니다. 그러나 그는 포기하지 않았습니다. 기술이 세상을 바꿀 것이라는 믿음, 그리고 언젠가 동이 틀 것이라는 희망을 붙들고 그는 캄캄한 외로움의 시간을 견뎌냈습니다.

"그 칠흑 같은 시간을 견디고, 결국 자신만의 길을 증명해 냈습니다. 어쩌면 지금의 청년들 역시 각자의 어두운 터널을 지나고 있을지 모릅니다. 도전할 기회조차 없다고 좌절하는 청년들에게 어떤 등불 같은 말씀을 해 주고 싶은지요."

그는 안타까운 눈빛으로, 그러나 단호한 목소리로 말을 이어갔습니다.

"저는 청년들이 '나는 경영학과니까 개발은 못 해', '나는 문과라서 기술은 몰라' 하는 식으로 스스로를 한계 짓지 않았으면 합니다. 지금 시대에 전공이 무슨 의미가 있습니까? 대학에서 4년간 배운 지식, 사회에 나와 마음먹고 파고들면 1년, 아니 6개월이면 따라잡을 수 있습니다. 문제는 재능이 아니라 '노력하지 않는 것'입니다. 그리고 도전하지 않는 것입니다. 왜 모두가 대기업과 공무원이라는 좁은 문으로만 가려고 합니까? 중소기업에서 시작해 세상을 바꾸는 경험을 하는 것이 훨씬 더 가치 있지 않겠습니까? 도전하십시오. 당신의 가능성은 당신이 그어놓은 한계선보다 훨씬 더 넓고 높습니다."

W 대표 그는 단지 한 기업의 대표가 아니었습니다. 그는 자신의 인생을 걸고 '가능성'이라는 미지의 대륙을 탐험한 개척자였습니다. 그의 이야기는 성공 신화라기보다, 한 인간이 절망의 밤을 어떻게 건너 희망의 아침을 맞이했는가에 대한 치열한 성장 기록이었습니다. 사무실을 나서며 저는 깨달았습니다. 진정한 혁신은 화려한 아이디어가 아니라, 잠 못 이루는 수많은 밤을 버텨내는 꾸준함과 자기 자신을 믿는 용기에서 시작된다는 것을 말입니다.

도전의 열쇠

세상이 정해놓은 안전한 지도를 버리고, 당신의 심장이 가리키는 미지의 땅을 향해 떠나십시오. 그 길 위에서 마주하는 고독과 불안을 견뎌내는 꾸준한 걸음만이 당신을 단단하게 만들 것입니다. 스스로의 가능성을 믿고 한계를 뛰어넘을 때, 당신은 새로운 시대의 주역이 될 수 있습니다.

54

메스를 놓은 거인,
대한민국 의료 시스템을 수술하다

'의사(醫師)'라는 사람의 생명을 다루는 이 직업의 무게는 과연 얼마일까요. 대한민국 의료계의 살아있는 역사, X 명예 원장을 만나러 가는 길은 그 숭고한 무게를 향한 경건한 여정이었습니다. 국내 최고의 병원들의 수장 자리를 모두 거친 그가, 다시 환자의 아픔을 어루만지는 진료실로 돌아온 이유가 사무치게 궁금했습니다.

병원에서 만난 그는 명예와 권력을 모두 내려놓은 현자(賢者)의 모습이었습니다. 희끗희끗한 머리카락과 깊은 눈매, 온화한 미소에서는 평생을 환자와 함께 호흡해 온 사람의 따뜻한 인품이 배어 나왔습니다. 40여 년 전 진료했던 환자가 건강한 모습으로 다시 찾아올 때 의사로서 가장 큰 보람을 느낀다는 그의 말 한마디에, 그의 삶을 관통하는 철학이 고스란히 담겨 있었습니다.

"원장님의 삶은 언제나 최고의 자리에서 대한민국 의료계를 이끌어온 역사였습니다. 그중에서도 '무릎 전문의'의 인생 항로를 결정적으로 바꾼 터닝 포인트가 있었다면 언제였습니까?"

제 질문에 그는 의사로서의 삶과 경영자로서의 삶이 교차했던 한순간을 떠올렸습니다.

"1995년, 서울에 있는 대학병원의 기획 조정 실장을 맡으라는 제안을 받았을 때가 제 인생의 가장 큰 변곡점이었습니다. 솔직히 말해 저는 경영에는 전혀 뜻이 없던, 그저 수술하고 환자 보는 것을 천직으로 알던 정형외과 의사였습니다. 하지만 존경하는 선배님들의 간곡한 권유를 차마 거절할 수 없었죠. 병원 전체의 살림을 책임져야 하는 막중한 자리에 두려움이 앞섰지만, 그때부터 회계, 경영, 행정 관련 서적을 닥치는 대로 읽으며 공부했습니다. 그 과정은 제게 완전히 새로운 세상을 열어주었습니다. 한 명의 환자가 아닌, 병원 전체라는 유기체를 진단하고, 나아가 대한민국 보건 의료 시스템이라는 거대한 숲을 보게 된 것입니다. 옛말에 사람의 병만 고치는 의사를 '소의(小醫)'라 하고, 나라와 사회의 병까지 고치는 의사를 '대의(大醫)'라 한다지요. 그때의 경험이 저를 '소의'의 길에서 '대의'의 길을 고민하게 만든 결정적인 계기가 되었습니다."

'소의(小醫)'에서 '대의(大醫)'로, 더 큰 세상을 품은 책임감

한 분야의 전문가가 자신의 울타리를 넘어 더 큰 세상의 문제를 끌어안게 된 순간이었습니다. 그의 성장은 개인의 영달을 위한 것이 아니라, 더 큰 공동체를 향한 책임감에서 비롯되었습니다. 그는 기꺼이 그 무거운 짐을 어깨에 짊어졌고, 대한민국 의료 시스템의 선진화를 이끄는 주역이 되었습니다.

"원장님께서는 평생 '의사는 하늘이 준 소명 의식을 가져야 한다'라고 강조해 오셨습니다. 의사의 길을 꿈꾸는, 혹은 각자의 자리에서 소명을 찾고자 노력하는 젊은이들에게 어떤 지혜를 나눠주고 싶으신지요."

"의사는 직업이 아닙니다. 사명입니다. 사람의 생명을 다루는 일이기에, 다른 어떤 직업보다 높은 수준의 윤리의식과 책임감이 필요합니다. 그 초심을 잃는 순간, 의사로서의 생명은 끝나는 것입니다. 저 역시 평생 그 초심을 지키기 위해 노력해 왔고, 그것이 지금의 저를 만들었다고 생각합니다. 그리고 제가 걸어온 길은 결코 저 혼자만의 힘으로 온 것이 아닙니다. 훌륭한 스승과 부모님, 그리고 수많은 멘토의 가르침이 있었기에 가능했죠. 이제는 저와 같은 세대가 후배들을 위해 그 역할을 해야 할 때입니다. 길을 밝혀주고, 이끌어주는 것. 그것이 저에게 남은 마지막 소명일 겁니다."

X 명예 원장과의 대화를 마치고 병원을 나서자, '의사'라는 단어가 이전과는 전혀 다른 무게로 제 마음에 내려앉았습니다. 그는 자신의 성공을 자랑하는 대신, 자신을 이끌어준 스승들에게 공을 돌리고, 이제는 자신이 후배들의 스승이 되겠다고 말했습니다. 그의 삶 자체가 '소명'과 '책임감'의 가장 완벽한 교과서였습니다. 진정한 성공이란 더 높은 자리에 오르는 것이 아니라, 자신의 자리에서 받은 것을 다음 세대에 아낌없이 내어주는 선한 영향력의 꾸준한 순환임을, 그의 깊은 눈빛이 말해주고 있었습니다.

소명의 열쇠

당신이 하는 일을 단순한 직업이 아닌, 세상을 이롭게 하는 '소명'으로 여기십시오. 그 소명의식이 당신의 시야를 넓혀, 개인의 성공을 넘어 더 큰 공동체의 문제를 해결하는 리더로 성장하게 할 것입니다. 받은 가르침을 다음 세대에 전하며 선한 영향력을 이어가는 삶이야말로 가장 위대한 성공입니다.

55

인생은 고난의 연속,
그럼에도 희망을 놓지 마라

리더의 자리는 빛나는 왕관인 동시에, 가시 면류관이기도 합니다. 특히 모두가 위기라고 말하는 순간, 그 조직의 운명을 짊어져야 하는 리더의 어깨는 천근만근의 무게를 견뎌내야 합니다. 수년간의 분규와 갈등으로 깊은 상처를 입었던 한 대학교를 이끌었던 Y 전 총장과의 만남은 한 조직을 살리기 위해 기꺼이 자신을 희생했던 한 리더의 고독한 투쟁을 목격하는 시간이었습니다.

교수실에서 만난 그는 30년 넘게 상아탑을 지켜온 학자의 고고함과, 거친 풍랑을 헤쳐온 조직의 수장으로서의 단단함을 동시에 지니고 있었습니다. 강도 높은 구조조정을 추진하며 구성원들의 거센 반발에 부딪혔던 시간을 회상하며 "인기가 아주 바닥이 됐습니다."라고 웃어 보였지만, 그 미소 뒤에는 학교를 바로 세워야 한다는 처절한 사명감이 엿보였습니다. '백척간두진일보(百尺竿頭進一步)'라는 벼랑 끝에서 한 걸음 더 나아간다는 그의 좌우명처럼, 그는 모두가 피하고 싶어 했던 위기의 한복판으로 스스로 걸어 들어갔다고 말했습니다.

"총장님께서는 학교가 가장 어려웠던 시절, 누구도 선뜻 맡으려 하지 않았던 무거운 짐을 짊어지셨습니다. 그 힘겨운 시간을 견디게 한 원동력, 그리고 총장님의 인생을 지탱해 온 터닝 포인트는 무엇이었습니까?"

그는 잠시 생각에 잠긴 후, 자신의 인생을 바꾼 두 번의 결정적 순간을 이야기했습니다.

"첫 번째 터닝 포인트는 철없던 고등학생 시절이었습니다. 외할머니 장례식장에서 마주한 어머니의 '이 바보 같은 놈아!'라는 꾸지람 한마디가 제 인생을 뿌리부터 흔들었습니다. 그 순간의 부끄러움과 충격이 저를 책상 앞으로 이끌었고, 제 삶의 태도를 완전히 바꾸어 놓았습니다. 그리고 두 번째 터닝 포인트는 우리 대학이 극심한 갈등을 겪고 있을 때, 교수 회장이라는 어려운 직책을 맡기로 결심한 순간입니다. 동료 교수의 안위와 학교의 미래 사이에서 깊이 고뇌했지만, 결국 '바르게 살자'라는 제 신념에 따라 더 어렵고 험난한 길을 택했습니다. 개인의 편안함보다는 공동체의 원칙과 정의를 지키는 것이 더 중요하다고 믿었기 때문입니다."

기꺼이 가장 무거운 왕관을 쓴 리더

어머니의 꾸지람 앞에서 자신의 나태함을 직시했던 소년에겐 정직함이 있었습니다. 공동체의 위기 앞에서 자신의 안위를 버리고 책임을 선택했던 교수에겐 용기가 있었습니다. 그의 인생을 이끌어온 것은 '바름'을 향한 확고한 신념이었습니다. 그는 결코 인기를 좇거나 손쉬운 길을 택하지 않았습니다. 비록 고통스럽고 외롭더라도, 그것이 옳은 길이라면 묵묵히 그 길을 걸어갔습니다.

"인생의 선배로서, 그리고 한 시대의 교육자로서 깊은 좌절과 무력감에 빠져 있는 지금의 청년들에게 어떤 지혜를 나눠주고 싶으신지요."

그의 표정이 이내 안타까움으로 물들었습니다.

"요즘 청년들이 듣기에는 꼰대의 잔소리처럼 들릴까? 조심스럽습니다만, 이것 하나만은 꼭 말해주고 싶습니다. 인생이란 본래 고난의 연속입니다. 부자든 가난하든, 지위가 높든 낮든 그 누구도 고난을 피해 갈 수는 없습니다. 삶이 본래 힘들다는 것을 받아들이면, 역설적으로 지금의 힘듦을 견뎌낼 힘을 얻게 됩니다. 그리고 그 힘든 현실 속에서도 우리를 살아가게 하는 것은 바로 '희망'입니다. 희망이 없다면 우리는 단 하루도 버틸 수 없습니다. 그러니 부디 희망을 놓지 마십시오. 그리고 가만히 앉아서 무엇인가가 이루어지길 바라지 마십시오. 다부진 각오로 스스로를 단련하며 나아갈 때, 비로소 희망은 현실이 될 것입니다."

Y 전 총장과의 대화는 제게 진정한 리더십이란 무엇인지 온몸으로 가르쳐 주었습니다. 그것은 화려한 비전을 제시하는 카리스마가 아니라, 가장 어두운 순간에 공동체의 짐을 가장 먼저 짊어지는 책임감이며, 모두가 등을 돌릴 때도 원칙과 신념을 꿋꿋이 지켜나가는 외로운 꾸준함이었습니다. 그는 기꺼이 가장 무거운 왕관을 썼고, 그 무게를 견뎌냄으로써 무너져가던 학교를 다시 일으켜 세웠습니다.

신념의 열쇠

인생이란 본래 고난의 연속이라는 사실을 피하지 말고 정면으로 마주하십시오. 가장 어렵고 고통스러운 길일지라도 그것이 '바른길'이라는 신념이 있다면 묵묵히 걸어가십시오. 당신의 그 외로운 뒷모습이 결국 모두에게 가장 빛나는 희망의 증거가 될 것입니다.

56

단 한 번의 맹세, 절망을 희망으로 뒤바꾼 기적

인생의 가장 밑바닥은 때로 가장 극적인 반전을 위한 무대가 되기도 합니다. 모든 것을 잃었다고 생각한 그 순간이, 사실은 모든 것을 새로 얻게 될 출발점일 수 있습니다. 그런 기적 같은 이야기를 Z 대표는 자신의 삶으로 경험했습니다. Z 대표의 삶은 극적인 반전 무대의 생생한 증거입니다.

성공한 주얼리 사업가에서 경험 없는 외식업에 뛰어들었다가 평생 모은 재산을 날리고 빚더미에 앉기까지, 그의 인생은 거침없이 추락하는 듯 보였습니다.

한적한 식당에서 만난 그는 과거의 실패를 감추지 않는 솔직함과, 모든 것을 이겨낸 자의 여유로운 미소를 함께 지니고 있었습니다. 그의 투박하지만, 단단한 손은 실패의 잿더미 속에서 맨손으로 희망을 일궈낸 치열한 세월을 말해주고 있었습니다.

"대표님의 인생 이야기는 한 편의 영화와도 같습니다. 그 깊고 어두운 터널의 끝에서, 어떻게 다시 빛을 향해 나아갈 수 있었습니까? 대표님의 인생을 구원한 결정적 터닝 포인트는 무엇이었습니까?"

제 질문에 그는 잠시 허공을 응시하더니, 자신의 인생이 다시 태어난 그 운명의 날을 정확히 기억해 냈습니다.

"제 인생의 진짜 터닝 포인트는 사업 아이템이나 성공 노하우 같은 것이 아닙니다. 바로 2010년 2월 26일, 제가 술과 담배를 완전히 끊은 날입니다. 그전까지 저는 와인에 미쳐 살았습니다. 매일 밤 가게는 와인 파티장이었고, 저는 술에 취해 현실을 외면했죠. 가게는 망해가고 있었고, 빚을 갚기 위해 마지막으로 장모님께 돈을 빌리러 갔습니다. 장모님은 단 한 가지 조건을 내걸었습니다. '박 서방, 술 담배 끊으면 빌려주겠네.' 당시 저에게 술은 인생의 전부나 마찬가지였기에 차마 그러겠다고 답하지 못했습니다. 하지만 약속한 시각에 돈을 받지 못하면 저는 모든 것을 잃게 될 절체절명의 순간이었죠. 결국 전화기 너머로 장모님의 마지막 통보가 들려왔습니다. '자네가 술을 마시는 한 돈을 빌려줄 수 없으니 오지 말게.'"

1만 시간의 법칙, 꾸준함과 성실함은 결코 배신하지 않는다

그의 목소리는 그때의 절박함으로 가늘게 떨리고 있었습니다. 모든 것이 끝났다고 생각한 순간, 그는 마지막 지푸라기라도 잡는 심정으로 외쳤습니다.

"'장모님! 저 술 끊겠습니다!' 그러자 장모님은 '나한테 약속하지 말고, 하나님한테 약속하게'라고 하셨습니다. 저는 전화기에 대고 세 번이나 하나님께 맹세했습니다. 그런데 정말 거짓말처럼, 그날 이후로 술과 담배가 아무 맛도 느껴지지 않는 겁니다. 그토록 갈망하던 것들이 한순간에 무의미해진 거죠. 저는 그날을 제 두 번째 생일로 여기며 살아갑니다. 그 약속이 없었다면 지금의 저는 결코 없었을 겁니다."

한 인간이 자신의 의지만으로는 도저히 끊어낼 수 없었던 중독의 사슬을, 절박한 상황 속에서 맺은 초월적인 약속을 통해 끊어낸 순간이었습니다. 그의 이야기는 성공의 비결이 기술이나 자본이 아닌, 한 인간의 근본적인 자기 변화에 있음을 보여주었습니다. 그는 술과 함께 방만했던 과거의 자신과 결별했고, 맑은 정신으로 자신의 삶과 사업을 정면으로 마주하기 시작했습니다.

"정말 놀라운 이야기입니다. 그렇다면, 각자의 자리에서 변화를 꿈꾸지만, 번번이 실패하며 좌절하는 젊은이들에게는 어떤 조언을 해주고 싶으신지요."

"저는 '1만 시간의 법칙'을 굳게 믿습니다. 세상에 공짜는 없습니다. 남들은 다 망해도 나는 잘될 것이라는 근거 없는 자신감은 욕심일 뿐입니다. 외식업을 하고 싶다면, 5년 동안 설거지부터 시작해 모든 것을 다 배워야 합니다. 그렇게 1만 시간을 채운 사람의 성공 확률은 80%가 넘을 겁니다. 평생 나를 먹여 살릴 기술을 얻는데 그 정도의 꾸준한 노력을 투자하지 못할 이유가 무엇입니까? 결국 성공은 성실함과 꾸준함을 이길 수 없습니다."

Z 대표, 그는 자신의 삶으로 증명했습니다. 가장 깊은 절망이 가장 위대한 시작이 될 수 있음을 보여주었습니다. 그리고 그 시작은 거창한 계획이 아닌, 어제의 나와 결별하겠다는 단호한 약속과 그것을 지켜나가는 우직한 꾸준함에서 비롯된다는 것을 말입니다. 그의 식당에서 피어오르는 맛있는 음식 냄새는, 한 남자가 자신의 인생을 통째로 걸고 끓여낸 진한 희망의 향기였습니다.

결단의 열쇠

가장 위대한 시작은 가장 깊은 절망 속에서, 어제의 나와 결별하겠다는 단호한 결단에서 시작됩니다. 세상에 공짜는 없으니, 평생 나를 먹여 살릴 자신만의 무기를 1만 시간의 꾸준한 노력으로 연마하십시오. 그 우직한 성실함이 마침내 절망을 희망으로 바꾸는 기적을 만들어낼 것입니다.

에필로그

이제, 당신의 이야기를
시작할 시간

저는 50여 번의 만남을 통해 다양한 인생의 여로를 겪었습니다. 그리고, 길 위에서 시작된 저의 여정은 이렇게 끝이 났습니다.

저는 그들의 이야기를 통해, 성공의 비결이나 부자가 되는 법칙을 찾으려 했습니다. 하지만 제가 길 위에서 만난 리더들은, 제게 단 하나의 정해진 답을 들려주지 않았습니다. 그들은 저마다 다른 길을 걸어왔고, 각기 다른 방식으로 자신의 삶을 증명해 내고 있었습니다.

하지만 그들의 이야기 속에는 하나의 공통된 울림이 있었습니다. 그것은 바로, '내 인생의 운전대는 오직 나만이 잡을 수 있다'라는 단단한 믿음이었습니다. 그들은 결코 세상이나 환경을 탓하며 주저앉지 않았습니다. 안정이라는 새장을 과감히 부수고 나왔고, 실패라는 잿더미 속에서 기꺼이 다시 일어섰습니다. 자신의 부족함을 채우기 위해 지독하게 노력했고, 때로는 자신을 낮추고 기꺼이 타인의 도움을 구했습니다. 그들은 모두, 자신의 인생이라는 무대의 주인공이었습니다.

이제 저는 다시 저의 출발선으로 돌아왔습니다. 하지만 저는 더 이상 길을 잃고 방황하던 과거의 제가 아닙니다. 제 손에는 50여 개의 빛나는 나침반이 들려 있습니다. 그들이 제게 건네준 지혜와 용기가, 이제는 제가 가야 할 길을 환하게 비춰주고 있습니다.

이 책을 읽는 당신에게도 묻고 싶습니다. 당신은 지금, 당신 인생의 운전대를 제대로 잡고 있습니까? 혹시 조수석에 앉아 누군가가 이끌어주기만을, 혹은 창밖의 풍경을 탓하며 불평만 하고 있지는 않습니까?

부디 이 50여 개의 다양한 이야기가 당신의 마음에 작은 불씨가 되기를 바랍니다. 그리하여 당신 역시, 당신만의 위대한 이야기를 시작할 용기를 얻게 되기를 진심으로 기원합니다. 기억하십시오. 당신의 인생이라는 책의 다음 페이지는, 오직 당신만이 쓸 수 있습니다. 이제, 당신의 이야기를 시작할 시간입니다.

이번의 인터뷰를 마치고 제 수첩에는 그들의 지혜로운 말들이 빼곡히 적혀 있었습니다.

"운은 준비된 자에게만 보이는 기회.", "정해지지 않은 길 위에서 운을 발견하다.", "스스로 벼랑 끝에 설 때, 비로소 날개는 돋아난다.", "달걀이 스스로 알을 깨고 나오면 생명력 있는 병아리가 되지만, 남이 깨주면 결국 계란 프라이가 될 뿐이다."

이 문장들은 이제 제 삶의 나침반이 되었습니다.

저는 더 이상 성공한 사람들을 막연히 부러워하거나, 저의 현실을 비관하지 않게 되었습니다. 중요한 것은 그들의 길을 그대로 따라가는 것이 아니라, 그들의 이야기 속에서 나만의 길을 찾아내는 것임을 깨달았기 때문입니다.

이 책을 덮는 당신도 이제 자신에게 질문을 던져보시길 바랍니다.

당신의 인생에서 브레이크를 걸고 있는 것은 무엇입니까? 당신을 더 나은 곳으로 이끌기 위해 지금 당장 시작할 수 있는 작은 행동은 무엇입니까?

  운명을 바꾸는 결정적 순간은 거창한 사건 속에서만 오는 것이 아닙니다. 때로는 한 권의 책, 한마디의 조언, 하나의 작은 결심이 우리 인생의 물줄기를 완전히 다른 방향으로 바꾸어 놓을 수 있습니다.

  많은 리더가 제게 그랬던 것처럼, 이 책이 당신의 잠들어 있던 열정을 깨우고, 자신만의 결정적 순간을 만들어 나가는 데 작은 등불이 되어주기를 진심으로 바랍니다.

  당신의 위대한 여정을 응원합니다.